종과 종소리

말은 사람을 잇고, 책은 말을 담는다.
'말그릇'은 밥 짓는 마음으로 한결같이 정성을 들여 책을 만든다.

산들문학회 제4집

종과 종소리

양문선 외 11인

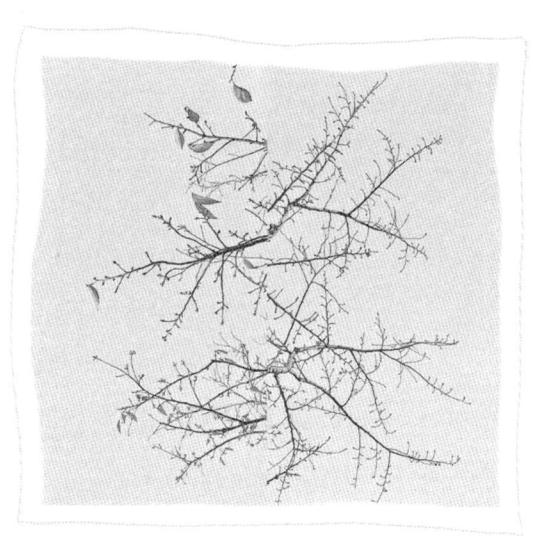

말그릇

|축하의 글|

열두 작가의 숨결이 담긴 책

   산들문학회 회원들에게 가을은 '동인지의 계절'이다. 가을 학기가 시작되면 미묘한 긴장감이 돈다. 그네들의 얼굴에서 결연한 빛이 느껴진다. 그동안 마음에 쟁여놓았던 이야기보따리를 어떻게 풀어낼지 고민하는 소리가 들린다.
   오랫동안 고심하여 낚아 올린 글감에 생명을 불어넣는 일은 쉽지 않은 작업이다. 한 자 한 자 써 내려가는 작업은 영혼을 조탁하는 것과 같다. 이야기를 형상화하고, 사유를 더하고, 입체감이 느껴지도록 만들어가는 그 과정이 자신을 성찰하는 시간이요, 관조의 시간이다.
   수필가는 '영원하고 불변인 미학적 욕망을 달성하기 위하여 밤낮을 가리지 않고 쓰는 사람'이라고 말하는 이도 있다. 인간의 여러 가지 욕망 중 아름다움을 추구하는 욕망은 비본질적인 욕망이면서 승화된 욕망이다. 이것은 또한 자기만족과 향유를 위한 몸짓이기도 하다. 수필가들은 이렇게 미학적 욕망을 키워가면서 언어로 된 자신의 세계를 만들어간다.

마감 날짜를 맞추기 위해 날밤을 새우며 애태우는 모습에서 문청(文靑)이라는 단어가 스친다. 문학을 한다는 것은 영원한 문학청년으로 산다는 것이 아닐까. 그네들은 글쓰기를 힘들어하기보다 오히려 이런 과정을 즐기는 것 같다. 마감한 후 얼굴엔 뿌듯함과 후련함이 서려 있다.

영혼을 담아 써 내려간 글은 모래 위의 발자국이 아니라 바위에 새겨진 공룡의 발자국과도 같다. 시간이 흘러도 활자는 변하지 않는다.

산들문학회가 벌써 동인지 4집을 출간한다고 하니 어깨춤이 절로 나온다. 저마다 다른 색깔로 채워진 열두 작가의 숨결이 담긴 책이라 더욱 귀중하다. 한 층 한 층 책의 탑을 쌓아가는 그 열정에 먼저 박수를 보낸다. 산들문학회 동인지 4집 《종과 종소리》 출간에 다시 한 번 뜨거운 박수를 보낸다.

2022년 12월
지도교수 문윤정

|책을 내며|

나를 찾아가는 소리

산들문학회 4집 《종과 종소리》가 세상에 선을 보입니다. 글을 내주신 회원님들께 축하와 아울러 고마움을 전합니다. 3년 동안 해마다 동인지를 냈는데 벌써 4집이라니, 뿌듯하고 기쁜 마음입니다.

글은 생각을 풀어내는 작업입니다. 흐릿한 추억을 끄집어내 색을 입히고, 헝클어진 마음을 단정히 정리하는 일입니다. 세상에 글이 없다면 생각이 실타래처럼 미궁으로 빠져 내가 나를 잃어버릴지도 모릅니다. 그러니 《종과 종소리》는 내가 나를 찾아가는 소리인 셈이지요.

우리 산들문학회는 코로나19로 스산할 때 마음과 힘을 더 모았습니다. 비대면 온라인 화상으로 만나 서로 격려하고 글쓰기를 게을리하지 않았습니다. 여러 회원님이 각종 문예지에 등단한 것도 이런 열정이 꽃을 피운 결과라고 생각합니다.

동인지 작품 하나하나가 가슴 뭉클하고 애틋하며 뜻이 바다처럼 깊습니다. 산들문학회가 짧은 시간에 쑥쑥 성장하는 소리가 들려 기쁘고 자랑스럽습니다. 회원님들이 서로 마음을 모아 글에 대한 열정을 식히지 않은 덕분입니다.

글을 쓰면서 가끔 '글의 의미'를 곱씹어봅니다. 멀리 있으면서도 가까이에 있는 게 글인 듯싶기도 하고, 인생의 길을 깨우쳐주는 스승이 글인 듯도 합니다. 뭔가를 쓴다는 게 막막하고 어려울 때도 있지만 글쓰기를 통해 얻는 것이 참으로 많습니다. 성찰이란 이름으로 안을 살펴 굽은 것을 바로 펴고, 엉킨 마음을 술술 풀어주는 것도 글입니다. 사람들을 울리고 웃게 하는 것 또한 글이지요. 세상에 글만 한 소통은 없습니다. 그러고 보면 우리 산들문학회는 소통의 광장입니다. 자기 이야기를 들려주고, 남의 이야기를 들어주며 '우리'라는 공동체를 키워가고 있으니까요.

 글을 쓴다는 게 쉽지 않습니다. 마음이 있어도 뜻대로 써지지 않고, 창작의 고통도 뒤따라오는 게 글입니다. 나태와의 싸움에서도 이겨야 합니다. 글 한 줄 한 줄이 다 귀한 이유이지요.

 산들문학회는 2019년 12월 《시간의 정원》으로 동인지 창간호를 출간한 데 이어 코로나의 역경 속에서도 2집 《어머니의 유일한 노래》와 3집 《함께 가는 낯선 길》을 펴냈습니다. 그리고 이번에 4집 《종과 종소리》를 출간합니다. 산들문학회는 앞으로도 5집 6집을 내며 한 걸음씩 더 큰 세상으로 나아갈 것입니다.

 그동안 산들문학회를 지도해주신 문윤정 교수님의 아낌없는 배려와 성원에 감사드립니다. 문우님들의 노력과 열정으로 우리 산들문학회가 나날이 번창하기를 기원합니다. 감사합니다.

2022년 겨울
산들문학회 회장 양 문 선

■ 차례

축하의 글   열두 작가의 숨결이 담긴 책 _ 지도교수 문윤정 • 4
책을 내며   나를 찾아가는 소리_ 산들문학회 회장 양문선 • 6

전효택   개를 데리고 다니는 여인 • 15
         미술반에 대한 추억 • 21
         젊은 날의 런던 이야기 • 25
         론다의 누에보 다리와 헤밍웨이 • 27
         참칭자 • 31

황현탁   종과 종소리 • 39
         칸트상(像)의 행방불명 • 43
         주는 대로 먹는 식당 • 45
         예술이 된 〈나의 잠〉 전시 • 48
         청계천 기행 • 53
            - 맑은 물을 흐르게 한 혈세투입의 현장

최계순	이해한다는 것 • 61
	자매들의 여행길 • 65
	생명의 신비 • 70
	−연아의 첫 생일
	원더풀 라이프 • 74
	라떼는 • 79
양문선	바람의 향기와 구름 소리 • 85
	삶은 지속적인 작별이다 • 89
	자연의 중심에 서다 • 93
	나를 뒤돌아보며 • 97
	끝없는 고독 속에서 • 101
	−《백 년의 고독》을 읽고
이문숙	탄식 • 111
	숟가락 하나 더 놓기 • 115
	할아버지의 한약방 • 119
	발목에 그린 세계지도 • 123
	그 남자 그 여자 • 127

허혜연	휴대폰 실종사건 • 133
	가족사진 • 137
	유월의 신작로 • 141
	행복을 주는 사람 • 145
	아름다운 이별을 위하여 • 149

피희순	상수리나무의 교훈 • 155
	공깃돌 다섯 알 • 160
	숲 • 164
	보이지 않는 명함 • 168
	둥지 찾아 나는 새 • 173

오순진	망부가(望父歌) • 179
	산골 처녀의 유리구두 • 183
	양재천 연가 • 187
	어떤 기도 • 191

김영석	존뮤어 호수의 물빛 • 197
	은하수 영롱한 화이트 포켓 • 202
	테카포 호수, 하늘을 담은 호수 • 206
	크리스마스의 추억 • 209
	폭설 내린 속초에 빠지다 • 213

한미경	시계 • 219	
	맥주 예찬 • 223	
	사랑을 저축하세요 • 227	
	두바이의 꿈 • 231	
	고백할 수 있는 용기 • 235	
김영혜	열정으로 가득 찼던 시절 • 241	
	신작로에 비친 얼굴 • 245	
	마법 같은 베네치아 • 250	
	아름다운 해변, 푸껫 • 254	
	누구나 밤엔 혼자이다 • 259	
	-《천 개의 밤, 어제의 달》을 읽고	
이홍숙	그 기억은 지금도 • 265	
	몽골의 푸른 진주, 홉스굴 • 268	
	나르키소스 축제를 기대하며 • 272	
	사막을 만나도 신나게 춤추라 • 275	
	-《사막을 건너는 여섯 가지 방법》을 읽고	
	언제나 닭백숙은 옳아 • 280	

원적은 평북 정주이며 평양 출생. 한국전쟁 중 가족이 부산으로 피란, 초등학교부터 서울에서 생활. 서울대학교 공과대학 교수로서 32년 재직하였으며 현재 에너지자원공학과 명예교수이다.

《현대수필》로 등단(2014)했고, 산문집《아쉬운 순간들 고마운 사람들》(2016), 《평생의 인연》(2018), 《청년 연가(緣家)》(2020), 《나의 학문, 나의 삶》(2020, 5인 교수 공저), 《내 인생의 푸른 시절》(2022)이 있다. 후정문학상(2021)을 수상하였고 현재 한국문인협회 회원이고, 2018년 9월에 창간한 계간지 《여행문화》 부주간을 맡고 있다.

'인생에서 성공한 사람이란 교양이 있고 남을 배려할 줄 아는 사람'이라고 믿고 있다.
제자와 지인에게는 다음 '세 가지의 What'을 덕담으로 들려준다.
What is new today?
What should I do next?
What can I do for you?
건강을 유지하는 비결은 BMW(= Bus+Metro+Walking)를 타야 한다고 주창하고 있고, 최근에는 매일 만 보 이상 걷기를 실천하고 있다.

2014년 《현대수필》 등단
산들문학회 회원
공저 《시간의 정원》, 《어머니의 유일한 노래》, 《함께 가는 낯선 길》

전효택

chon@snu.ac.kr

개를 데리고 다니는 여인
미술반에 대한 추억
젊은 날의 런던 이야기
론다의 누에보 다리와 헤밍웨이
참칭자

개를 데리고 다니는 여인

19세기 러시아문학이 낳은 최고의 단편소설 작가이자 극작가인 체홉(1860~1904)은 44년 짧은 생존 기간 가장 완벽하게 러시아어로 글을 쓴 작가라고 알려져 있다. 그는 또한 위대한 극작가로서 19세기 말 러시아 사실주의를 대표하는 큰 별이다.

30여 쪽 분량의 단편 《개를 데리고 다니는 여인》은 그가 폐결핵이 악화되어 크림반도의 얄타에서 요양 생활을 하던 말년인 39세(1899)에 내놓은 소설이다. 이 작품은 《러시아 단편소설 걸작선 10편》(고골 외, 양장선 옮김, 행복한 책읽기)에 실릴 정도로 유명하다. 사랑을 주제로 한 체홉 단편소설의 백미라고 알려져 있다. 예술적으로 뛰어난 작품으로 휴양지에서 만난 유부남 유부녀의 불륜 사랑 이야기를 왜 이리 명작이라 할까.

남자 주인공 구로프가 휴양지 얄타에서 지낸 지 2주일째에 하얀 스피츠 개를 데리고 다니는 베레모를 쓴 금발의 젊은 여인 안나의 소문을 듣는다. 은행원인 그는 열두 살 난 딸과 중학생인 아들 둘이 있는 마흔 직전이 가장이나 여러 여성과 바람을 피워 왔다. 점잖은 신분의 유부녀인 안나는 이곳에는 처음으로 혼자 왔고 심심하게 지낼 거라는 추측을 하며, 그 여성과의 은밀한 로맨스에 대한 유혹이 그를 사로잡았다.

그는 그녀가 페테르부르크에서 성장했고 스무 살에 결혼해서 2년째 S시에 살며 얄타엔 한 달 정도 머무를 예정임을 알아냈다. 어느 날 해가 질 무렵 노천카페에서 자연스럽게 개를 매개체로 대화를 하며 서로 알게 된다. 실제 우리 생활에서도 개와 함께 산책하다 보면 개를 매개로 전혀 모르는 사람들과 대화를 시작하게 된다. 구로프는 그녀를 알고 나서 일주일이 지난 휴일 방파제에서 첫 키스하고 그녀 숙소에서 사랑을 나눈다. 그는 얄타 역에서 그녀를 배웅하며 '모든 것이 끝났다. 우리는 다시 만나서는 안 된다.'라는 그녀의 말을 되새긴다.

모스크바로 돌아온 구로프는 한 달이 지나고 겨울이 닥쳐와도 얄타에서의 사랑에서 벗어날 수 없었다. 그녀는 꿈에만 나타나는 것이 아니라, 그의 그림자가 되어 어디든 따라다녔다. 처음에는 휴양지에서의 가벼운 사랑놀이로 시작했으나 사랑에 빠져버리고 만 것이다. 그는 안나를 잊지 못해 12월 휴가에 그녀가 사는 S시로 가서 그녀를 보고 싶었고 밀회를 나누고 싶었다. S시에서 〈게이샤〉라는 연극이 처음 상영되는 극장에서 마침내 그녀를 만난다. 그녀는 "저는 언제나 당신 생각만 했어요. 당신 생각으로 살았다고요. 하지만 잊으려 했는데, 도대체 왜 다시 나타나셨어요?", "우리 두 사람 모두 미쳤어요." 라고 말한다.

나는 평소에 사랑은 제 정신에 하는 행위가 아니라고 주창한다.

그녀는 두세 달에 한번 모스크바에 와서 그와 밀회하기로 약속한다. 구로프는 공공연한 생활과 은밀한 생활을 지속한다. 그들은 마치 '2년 가량 만나지 않았던 사람들처럼 그들의 키스는 오래 계속되었다.' 그는 최근 이삼 년 사이 사십이 넘어 머리는 차차 희어지며 갑자기 늙고 풍채는 나빠져 있었다. 여전히 아름다운 그녀는 그를 사랑했다. 그는 머리가 희어진 지금에 와서야 참다운 사랑을 찾은 듯했다. 사십 평생 많은 여성 편력을 거친 그는 처음으로 진실한 사랑의 감정에 빠지면서 주어진 현실과의 갈등에 빠진다. 그는 사람들의 눈을 피해 만나고, 가정에는 거짓말하고 서로 다른 도시에 살면서 오랫동안 이별해야 하는 현실을 안타까워한다. '마치 철새 한 쌍이 붙잡혀 서로 다른 새장에서 길러지고 있는 것과 다를 바 없는' 상황이라고 묘사한다.

'조금만 더 노력하면 무슨 해결 방법이 나올 것 같기도 했고 새롭고 아름다운 삶이 시작될 것 같았다. 종착점에 도착하려면 아직 까마득한 날들이 남아 있으며 가장 어렵고 힘든 순간이 이제 겨우 시작되었음을 두 사람은 분명히 알고 있다.'는 것으로 소설은 끝난다. 두 주인공이 앞으로 험난한 길이 남아 있음에도 전혀 이 불륜을 끝내고 싶지 않고 진정한 사랑으로 승화하며 성공하기를 바라는 저자의 의도가 보이는 듯했다.

　유부남 유부녀의 이 불륜 소설에 대해 톨스토이는 두 주인공을 '선악을 분간하지 못하는 짐승 같은 자들'이라고 도덕군자답게 혹평했다. 한편 나보코프는 이 작품을 세계문학사에서 가장 위대한 작품들 중의 하나라고 했다. 고리키는 '《개를 데리고 다니는 여인》을 읽고 나니 다른 작가의 작품들은 모두 펜이 아닌 막대기로 쓴 것처럼 여겨진다.'고 극찬했다.

　이 작품의 줄거리가 실제 작가의 체험으로 작성된 수필로 발표되었다면 작가의 도덕성에 대해 얼마나 많은 비난을 받았을까. 남녀 주인공이 각각 가정이 있고, 유부남은 은행원, 유부녀의 남편은 고급 관리이다. 두 남녀의 휴양지 일탈이라는 이 내용이 드라마였다면 막장이라는 혹평이 대단했을 것이다. 소설에서는 그 줄거리가 불륜 내용이라도 있을 수 있는 사건이라며 넘어갈 수 있다. 소설 작가가 본인의 실제 경험담이라고 말을 하지 않아도 독자는 그의 작품에 실제 경험이 녹아 있는 각색 작품일 것이라고 짐작한다. 내 생각에 체홉은 이러한 불륜의 사랑 경험이 있어 재미있게 예술적으로 승화시키며 소설의 마지막 문단에서 사랑의 가능성을 암시하는 것 같다. 이미 28세(1888)에 문단의 총아로서 유명세를 지닌 미남자인 그가 41세에 첫 결혼 할 때까지 싱글로 얼마나 많은 연애 경험을 하였을까 상상해 본다.

　체홉의 일생에서 알려진 러브 스토리는 1889년(29세) 1월 페테르부르크에서 유부녀인 여류작가 리쟈 아비로바를 만났으며, 1892년(32세) 1월 페테르부르크에서 재회했고, 1895년(35세) 2월에도 만났다고 한다. 아비로바는 그녀의 수기에서 체홉을 사랑했고 체홉도 그녀에게 적지 않은 호의를 가졌다고 밝히고 있다. 그는 1897년(37세) 9월에 모스크바예술극장의 간판 여배우인 올가 크니페르를 처음 만났다. 모스크바에서 얄타 요양지로 그를 문병 온 그녀에게 감동하여 죽기 3년 전인 1901년(41세) 5월 그녀와 결혼하였는데 이것이 그의 첫 결혼이다. 그는 요양차 1904년(44세) 6월 독일의 바덴바덴으로 부인 올가와 함께 떠났고, 그해 7월 2일 숨을 거두었다.

  그는 남자 형제 중 셋째였음에도 동생과 누이, 부모를 보살펴야 하는 가정의 든든한 정신적 기둥이었고 늘 따뜻하고 성실한 마음과 희망을 잃지 않았다 한다. 그는 모스크바대학 의학부에 입학(1879)하여, 가족의 생계를 돕고 자신의 학비와 생활비를 벌기 위해 신입생 때부터 이미 주간지 및 신문에 기고했다. 1880년대 초에는 이런 글쓰기가 지속적이며 직업적인 성격을 띠었다. 1880년(20세)에 데뷔하여 24년이라는 짧은 집필 기간 동안 그의 총 작품 수는 소설 510편에 달하며 그중 400여 편이 유머 단편(콩트)이다. 그중 300여 편이 학생시절(1879~1884)과 문단에서 인정받기(1886) 전 2년간 여러 필명으로 발표한 유머 단편이다. 1886년(26세)에 처음으로 단편소설 〈추도식〉을 본명으로 발표했고, 1888년 중편 〈초원〉을 분수령으로 유머 단편 작가를 탈피했다. 그는 같은 해에 단편집 〈황혼〉으로 푸시킨상을 수상하며 문단의 총아로 부상했다.

체홉은 대학 졸업(1884) 후 의사로서 사회봉사를 하면서 20여 년간 작품 활동을 통해 단편소설의 새로운 형식을 개척했다. 그는 의사라는 직업을 정말 좋아했다. 특히 러시아 대기근 기간(1891년 가을~1892)에는 농민구제운동에 힘을 다하였다. 그는 인간을 변화시키려 하거나 교육하려 들지 않았고 단순히 그들을 위로하려는 자리에 있으려 했던 작가였다. 37세(1897)에 심한 객혈로 얄타에서 요양 생활에 들어 44세(1904)까지 7년간이 그의 말년이었으나 틈틈이 소설을 썼고 의사로서의 의무와 봉사를 다했다 한다. 《개를 데리고 다니는 여인》(1899)과 《사랑스러운 여인》(1899)이 이 시기의 작품이다. 그는 '의학은 나의 본처요, 문학의 나의 정부(情婦)다.'라고 하였다. 그의 말년은 폐결핵과 고독으로 쓸쓸했다.

미술반에 대한 추억

결혼 후 분가하기 전 어머님이 내게 주신 둥글고 긴 서류통을 열어 정리한 적이 있다. 이 통에는 초등학교부터 고등학교 시절까지 받은 여러 상장이 들어 있었다. 상장들 중에 내 눈길은 끈 것은 고등학생 때 받은 미술대회 입선 상장이었다. H대학교 주최 제7회 전국남녀중고등학생 미술실기대회에서 수상한 수채화부 입선 상장이었다. 당시에는 꽤 권위 있는 미술실기대회였다.

나는 고등학교 시절 미술반에 들었다. 1학년 초기에는 미술실에서 석고 흉상의 데생을 배우며 사물을 정확하게 그리는 연습을 하고, 다음부터는 이젤을 들고 나가 야외 사생을 했다. 3학년에 진급하기 전까지 2년간, 일요일에는 주로 덕수궁, 남산 및 당인리 발전소가 보이는 언덕에서 수채화를 그렸다. 전국대회에서 입선도 하고 가작도 했으며 내 그림이 교실이나 복도에 액자에 넣어져 전시되기도 했다.

미술반 지도 선생님은 S대학교 미술대를 졸업하신 분이었다. 당시 선생님은 내게 이번에 S대에 응용미술학과가 신설되니 장래성이 큰 분야라고 진학을 조언하였다. 3학년에 진급하며 부모님께 S대 응용미술학과에 진학하고 싶다고 말씀드리자 단번에 반대하셨다. 내가 장남이니 공대나 의대로 가야 한다는 말씀이었다. 3학년 때 이과반으로 진급하며 미술 선생님께 집안 사정을 말씀드리고 아쉽게도 미술반 활동을 접었다. 미술반에서 친절하게 제자들을 아끼고 배려하며 지도해주시던 선생님, 특히 내게 많은 사랑을 베푸시고 큰 기대를 갖고 미술대 응용미술학과 진학을 추천하셨던 선생님을 지금도 잊을 수 없다. 나는 이후 부모님의 뜻대로 공대로 진학하여 대학원을 거치며 가정교사며 연구 생활로 바쁜 학창 시절을 보냈는데, 바쁘다는 핑계로 고마우신 미술 선생님을 제대로 찾아뵙지 못했다.

당시 함께 미술반원이었던 내 절친은 사립대학교의 유명 미술대로 진학하여 서양화를 전공하고, 대학원 박사과정을 거쳐 지방대학교의 미술대학 교수와 학장을 지냈다. 이 친구는 추상화를 전공하며 철학 서적을 많이 읽어 절반은 철학자가 되었다. 친구의 추상화 전시회에 초대받아 가면 작품을 이해하기 어려워 그의 설명을 듣곤 했다. 이 친구와 흉허물 없이 여러 주제의 대화를 해보면 내게는 부족한 그의 자유로운 삶의 자세와 모습을 느낀다. 그는 자칭 자연주의자로서 세상을 바쁘게 살지 않고 여유가 있으며 정의감이 투철한 예술인으로서 교수 정년 후에는 농촌 생활을 즐기고 있다. 내게 계절마다 옥수수, 감자, 고구마, 사과나 복숭아 등을 보낸다.

나는 교수로 정년퇴임을 할 때까지 지난 수십 년간을 너무도 바쁘고 여유 없이 살아온 것이 종종 후회된다. 아직도, 내가 응용미술을 전공했다면 내 인생은 어찌 되었을까 하는 미련을 두고 있다. 지금 응용미술은 시각디자인 실용 분야라고 하며 첨단을 달리고 있다. 응용미술은 예술작품이 아닌 실생활에 이용되는 장식이나 디자인, 또는 행사에 이용되는 상업적 미술 분야여서 실제 돈을 벌어야 하는 목적이 중요하다. 내가 대학에서 응용미술을 전공했다면 일 세대 응용미술 전문가 그룹이 되었을 것이고, 대학원에 진학하거나 유학을 했다면 그 분야의 일 세대 교수가 되었을지도 모르겠다. 그렇게 되었다면 아마도 경제적으로 상당히 여유 있는 응용미술가가 되었을 것이다.

　공대 교수로 32년 재직하는 동안 내 연구실에서는 석사 48명과 박사 20명이 배출되었다. 제자들 대부분은 전공 분야에서 나름 성공적인 생활을 하고 있다. 그러나 간혹 전공 분야를 떠나 다시 모교에 학사 편입하여 전공을 새로 시작하는 제자도 있다. 전공을 새로 시작하며 내게 그 부득이한 이유와 본인의 장래 희망을 얘기해주면 나는 허심탄회하게 이해하며 섭섭해 하지 않고 진심으로 격려해주곤 했다.

　내가 고등학교 3학년에 진급하며 미술대학 진학이 어려운 사정을 말씀드렸을 때 미술 선생님은 혹시라도 믿었던 제자에게 배신감을 느끼며 서운해 하지 않으셨을까. 나는 지금도 고등학교 졸업 후에 선생님을 제대로 찾아뵙지 않고 무심히 보냈음을 후회하고 있다. 미술대로 진하한 내 절친은 선생님을 두어 번 찾아뵈었다는 소식을 들으면서도 말이다.

  수년 전에 고등학교 졸업 50주년 기념행사를 할 정도로 세월이 많이 흘렀다. 내가 고등학교 재학 시절 미술 교사가 첫 직장이었다는 선생님이 생존해 계신다면 아마 88세이실 듯하다. 더 늦기 전에 찾아뵙고, 미술반에 대한 추억이며 당시 내게 서운하셨던 일 등 선생님과 두런두런 이야기를 나눠보고 싶다.

젊은 날의 런던 이야기

 내 인생에 가장 외로운 시절이 언제였나 생각해 보면 영국 런던 시절이 떠오른다. 나는 삼십 대 중반 런던에서 일 년 간 박사 후 연구 생활을 하며 가족과 떨어져 생활했다. 그 시절 주중에는 대학 구내에서 점심과 저녁 식사를 때우곤 하였다. 저녁 늦게 숙소로 돌아와 방문을 열면 혼자 사는 방의 묘한 냄새와 진한 외로움이 느껴졌다.

 대학 내에 한국인은 나까지 모두 세 명이었다. 나만 외톨이고 두 명은 다른 전공 분야의 박사과정 학생으로서 가족과 함께였다. 우리 세 명은 비슷한 또래였다. 주중에는 연구실에서 우리말을 할 기회가 전혀 없었고 꿈도 영어로 꾸던 때였다. 금요일 저녁이 대학 부근의 펍에서 세 명이 함께 만나 우리말로 마음껏 떠드는 유일한 시간이었다.

 런던에서 보낸 첫 초겨울에 지독한 감기에 걸렸다. 지은 지 백 년도 넘은 숙소(J 하우스)의 높은 천정과 불량한 난방 시설은 참으로 으스스했다. 한국에서는 내게 감기는 대수롭지 않았는데 그만 목소리까지 심하게 잠긴 지독한 코감기에 걸렸다. 같은 연구실의 영국인 동료가 조언해준 레몬 가루 치료법으로 십여 일 만에 다행히 회복되었으나 그때의 외로움은 지금도 잊히지 않는다.

주말이면 빨래도 하고 일주일 분의 간단한 장보기도 했으나 시간이 남아 허전하고 우울해서 숙소 주변을 산책하거나 조깅을 하였다. 토요일이나 일요일에 가족과 함께 사는 유학생이나 현지 교민의 식사 초대를 받아 한국 음식을 대접받게 되면 그리 기쁠 수가 없었다. 가족과의 소통은 국제통화료가 비싸 엄두도 못 내고 가장 저렴한 국제 봉함엽서로 연락했다. 내 봉함엽서를 받은 가족이 즉시 답장을 보내도 보통 삼 주 후에야 소식을 접할 수 있었다. 주중의 생활은 대부분 연구실과 실험실에서 보내는 생활이었다. 일 년 체류 동안 장학금과 연구비 지원으로 여유가 있어 내 일생에 가장 많은 전공 분야 원서를 런던, 옥스퍼드, 케임브리지 대학서점에서 살 수 있었다.

내 인생에서 런던에서의 외로운 시절이 없었다면 지난 32년간의 교수 생활이 원만했을까 회고해 본다. 지금은 그 외로움을 극복하며 연구에 몰두하던 젊은 시절이 새롭다. 이 시기에 연구실 교수님과 동료로부터 새로이 발전하는 전공 분야의 연구 방법과 전공지식의 습득, 아이디어 창출과 집중력을 배웠고 이것이 교수 생활의 밑거름이 되었다.

런던에서의 외로움을 극복한 삼십 대 중반 그 시절이 내 전공 분야의 성장기였고, 경제적으로나 건강상으로나 내 인생의 푸른 시절이었다.

론다의 누에보 다리와 헤밍웨이

　나는 스페인 론다(Ronda)를 두 번 방문했다. 한번은 2012년 1월 겨울에, 또 한 번은 2016년 7월 여름이었다. 여름 방문은 마드리드에서 출발 코르도바 –세비야 거쳐 론다로, 겨울 방문은 지중해의 말라가(Malaga)에서 출발했다. 말라가는 피카소의 고향이다. 론다는 안달루시아 지방의 대표적 관광지역이다. 말라가를 출발– 산 페드로(San Pedro)를 거쳐 서쪽으로 약 100km 거리에 론다가 있다. 론다는 해발 723m 위치에 있어 말라가에서 오는 동안 급커브에 산길 오르막이 마치 강원도의 국도를 달리는 기분이었다.

　론다의 대표적인 5개 유명 관광지는 투우장, 누에보 다리(Puente Nuevo), 아랍 목욕탕, 알라메다 타호 공원 전망대, 헤밍웨이 산책로이다. 론다는 투우의 발상지로서 1784년에 건립된 최대 육천 명을 수용할 수 있는 투우장이 있다. 론다 출신의 유명한 투우사 페드로 로메로 때문이라 한다. 최초의 투우는 투우사가 말을 타고 소와 싸웠다 하는데 이 그림이 투우장에 걸려 있다. 투우를 좋아한 헤밍웨이

동상을 투우장 앞에 세울 정도로 미국인 헤밍웨이를 좋아하며, 헤밍웨이 산책로까지 있을 정도이다.

론다에서 가장 잘 알려진 명소가 누에보 다리(Puente Nuevo, '새로운 다리'라는 뜻)이다. 이 다리는 1751년에 착공하여 42년 걸려 1793년에 준공되었다. 다리가 위치한 타조(Tajo) 협곡 아래에는 과달레빈(Guadalevin) 강이 흐르며 천연의 절경으로 알려져 있다. 누에보 다리는 협곡의 절벽 아래에서 백여 미터 높이를 차곡차곡 석재를 쌓아 축조한 다리이다. 120m 넓이(폭) 협곡을 거의 남북으로 가로지르며 구도시(다리 남쪽)와 신도시(다리 북쪽)를 연결한다. 나는 이 깊고 좁은 골짜기에 18세기 후반 다리를 완공한 토목기술에 놀랐다. 18세기 후반이라면 우리는 조선시대 영조와 정조의 시기이다. 특히 1795년 정조 즉위 20주년에 아버지 사도세자의 묘소를 방문하는 수원 화성 행차에서 한강 노량진을 나룻배를 연결한 배다리로 건너간 시기로서 변변한 다리가 없었다. 다리의 북쪽은 깎아지른 듯한 절벽이며 계곡을 따라 어우러진 하얀 집의 배열이 멋진 풍광을 이루고 있다. 깊은 협곡을 오르내리지 않고 새로운 다리로 연결하였으니 당시의 주민들이 얼마나 좋아했을까.

론다에는 헤밍웨이 산책길이 있을 정도로 헤밍웨이(1899~1961, 1954년 노벨문학상 수상)와 관련이 깊다. 그는 유명한 소설 《누구를 위하여 종은 울리나》를 이곳에서 집필했다. 헤밍웨이는 1937년 스페인 내전에 공화파 의용군의 기자로 참여했는데, 이때의 경험을 살려 1939년 3월부터 이 소설을 쓰기 시작하여 1940년에 발표하였고, 1943년에는 영화로도 제작되었다.

  이 소설은 스페인 내전 다음 해인 1937년 5월에 일어난 사건이 배경이다.

  소설의 무대는 마드리드와 세고비아 사이의 어느 계곡의 다리를 폭파하는 임무이다. 내 기억으로는 1960년대 중반 고등학생 시절 동명의 영화를 단체 관람한 기억이 있다. 이 영화는 스페인 내전에 반파시스트 군으로 참전한 미국인 조던(게리 쿠퍼 분)이 게릴라부대 진영의 동굴에서 만난 마리아(잉그리드 버그만 분)와의 사랑과, 깊은 계곡의 다리를 폭파하는 작전을 보여 준다. 다리 폭파 후 다리에 부상을 입은 조던은 함께 도피할 수 없게 되자, 마리아와 게릴라를 먼저 보내고 최후를 맞이할 준비를 하며 종이 울리는데, 이 영상이 아직 생생히 남아 있다. 나는 이 영화를 TV로 다시 보며 마지막 장면의 유명 대사를 기록했다. 주인공의 모습이나 성격은 다분히 작가 헤밍웨이의 모습을 연상시킨다. 나는 아직도 남자 주인공 조던이 마리아에게 속삭이듯 말하는 마지막 대사와 이별 장면을 잊을 수 없다. 죽음을 앞둔 주인공의 모습은 나의 뇌리에 감동적으로 깊이 박혀 있다. 공화 진영 내부의 분열과 무능 부패로 파시스트 혁명군(프랑코)의 승리로 끝나는 스페인 내란이 가끔 현실과 비교되기도 한다.

마리아, 네가 가면 나도 같이 가는 거야. 금방 나도 뒤따를 거야. 우리 둘을 위해서 당신은 가야돼. 우리는 서로 사랑하니까. … 하지만 난 너야. 당신이 가면 나도 가는 거야. 그게 내가 갈 수 있는 유일한 길이야. … 지금은 우리의 시간이야. 결코 끝이 아니야. 진심이야.

나는 헤밍웨이가 자주 찾았다는 산책로를 따라 공원 전망대에 올라보았다. 헤밍웨이는 이 길을 오르며 무슨 상념에 잠기곤 했을까. 그의 생애를 보면 행동하는 실천적인 자유주의자로서의 면모를 많이 보인다. 제1차 세계대전 시 이탈리아 전선(19세), 스페인 내란에 참전(38세), 제2차 세계대전 때 특파원 자격으로 노르망디 상륙 작전에 참전(45세)한 걸출한 인물이다. 일생에 한 번 참전도 어려운 전쟁에 세 번이나 참가했으며, 그 경험을 살려 《해는 또 다시 떠오른다》(1926), 《무기여 잘 있거라》(1929) 등의 장편을 출간하였다.

론다를 두 번째 방문했을 때는 누에보 다리 북쪽 편의 신시가지 상가 골목과 식당을 찾았다. 관광지로 유명한 탓인지 지방 도시라는 모습이 전혀 없었다. 현대적으로 꾸민 가게들과 식당들이 즐비했다. 여기서 나는 모처럼 식당에서 스페인 메뉴와 커피를 즐기는 호사를 맛보았다. 이곳을 가본 지가 어느덧 육 년이 지났는데 앞으로 언제쯤 이 지역을 다시 가보게 될지 희망해 본다.

참칭자

우리 사회에는 항상 사이비 종교인과 내로남불형 공인들이 존재한다. 소수라고 할 수 있지만, 나는 이들을 따르고 지지하는 사람들을 이해할 수가 없다. 너무 순진하기 때문인가, 아니면 우매하기 때문인가. 러시아 역사를 보면 유난히 이런 인물들이 많이 등장한다.

푸시킨의 희곡 《보리스 고두노프》(1825)에 참칭자라는 황당한 역사적 인물이 나온다. 러시아어로 참칭은 제멋대로 스스로 왕이라고 일컬음이며, 역사적으로 거짓 왕이나 거짓 정부를 지칭한다. 참칭자는 사칭자 또는 가짜라는 뜻이다.

러시아 황제 이반 4세(1530~1584 재위, 뇌제 또는 폭군이라 불림)가 죽자 계승할 유능한 후계자가 없었다. 이반(1554~1581)이라는 총명한 황태자가 있었으나 노년기에 광폭해진 아버지 이반 4세는 지팡이로 내리쳐 27살인 이 아들을 죽이고 만다. 황제를 계승할 후손은 병약한 표도르와 태어난 지 6개월 된 드미트리 두 아들이 있었다. 이반 4세를 이어 황제가 된 표도르(1584~1598 재위)는 무능력하여 국정을 제대로 다스리지 못했다.

이 시기에 황제의 처남이자 타타르의 후예인 보리스 고두노프(1552~1605)가 강력한 세력을 가지게 된다. 드미트리 황태자는 겨우 여덟 살일 때(1591) 살해당했는데, 이 사건은 고두노프의 흉계가 아니었나 하는 의심을 받았다. 황제 표도르 1세가 사망하자(1598) 후손이 없어, 국민회의에서 선출된 고두노프(1598~1605 재위)가 황제로 즉위하였다. 그는 능력이 있고 애국심이 강해 러시아를 발전시키고자 노력했다.

고두노프가 재위 중이던 1601~1603년은 흉작으로 인한 대기근 시기였다. 이 흉흉한 때에 '자기가 여덟 살에 죽은 드미트리 황태자'라는 참칭자가 출현한다(1601). 그는 수도원에서 도망친 수도사 그리고리 오트레피예프(1582~1606)였다. 그는 폴란드 군대와 함께 모스크바로 진격(1604)하였는데 농민과 도시민들의 열렬한 환영과 지지를 받았다. 1605년 4월 고두노프가 병으로 급사하자 고두노프 반대 세력이었던 모스크바 귀족들은 고두노프 가문을 전복시키고 이 참칭자 편에 섰다.

이 참칭자는 1605년 6월 드미트리 1세로 즉위하였으나, 사회전체가 무법천지가 되고 국민의 원성이 높아졌다. 교활한 간신 바실리 슈이스키는 모반을 일으켜서 참칭자와 그의 측근을 무자비하게 처단하고 귀족 신분으로 황제에 즉위하였으나, 슈이스키 지지자와 반대자기를 불어넣는다. 한마디로 잠이 만병통치약이라는 얘기다.

과거 권위주의 시절 고문의 한 방법으로 잠을 재우지 않고 시국사범을 취조, 수사했던 많은 이야기들이 떠오른다. 전시회를 관람할 때마다 '번뜩이는 작가들 상상력'에 감탄한다. 특히 같은 주제로 기획된 여러 작가들 합동전시회는 상상력의 기상천외함을 비교할 수 있는 좋은 기회다. 솔 르위트(Sol LeWitt)는 "아이디어는 예술을 만드는 기계가 된다(The idea becomes a machine that makes the art.)"고 했다. 예술가의 '생각과 상상력'이 새로운 작품을 탄생하게 한다. 도슨트 설명을 들었다면 더 좋았겠다는 생각을 하면서 〈나의 잠〉 전시장을 나왔다.

서울문화투데이 2022년 10월 12일자 게재

에 서니 나의 움직임이 시차를 두고 거울에 투영되는 것이 신기했다. 최재은의 설치작품 〈새벽 그리고 문명〉, 팽창콜로니의 〈써기 웻 샌드위치〉(Soggy Wet Sandwich), 우정수의 〈미래는 당신을 기다려주지 않는다〉, 심우현의 〈아름다움은 영원한 기쁨〉 등의 작품은 나름대로 잠을 상정하였을 것이나, 혼자서는 작가들의 깊은 뜻을 알 수 없었다.

전시기획자 유진상 교수가 예술 감독을 맡은, 회화는 몇 점 안 되는 설치 위주의 작품을 보면서, '아, 잠도 작가들이 상상력을 발휘하면 무궁무진하게 작품화할 수 있구나!'란 느낌을 받았다. 전시장 한쪽에는 드러누워 쉴 수 있는 휴게 체험공간도 만들어 놓았고, 온돌에 비해 정신보다 육체를 더 많이 요구하는 침구라는 느낌이 드는 침대도 가져다 놓았다. 또 자는 모습에 따라 성격유형을 판별하는 법, 수면 상태 자가진단 테스트, 건강한 수면을 위한 10계명 등의 설명문도 걸어 놓았다.

매슈 워커(Matthew Walker)의 《우리는 왜 잠을 자야할까》란 책에서 '잠은 우리의 뇌와 몸의 건강을 새롭게 할 수 있는 가장 효과적인 유일한 수단'이라고 했다. 책에 따르면 수면시간이 부족하면 면역계가 손상되고 암에 걸릴 위험이 두 배 이상 증가한다. 잠을 짧게 자면 관상동맥이 막히고 허약해져 심혈관 질환, 뇌졸중, 울혈성 심장기능 상실로 이어질 수 있다. 잠이 짧아질수록 수명도 짧아진다. 잠은 학습하고, 기억하고, 논리적으로 판단하고 선택하는 능력 등 뇌의 다양한 기능들에 활

D 콜렉티브의 〈더 블루〉는 9시의 을지로와 청계천의 가게 영상을 보여주고 있는데, 뭐 닫힌 가게 모습 이미지가 느린 동작으로 지나간다. 9시에 고정된 시계로 보아 잠자러 간 후의 저녁 모습인 것 같은데, 햇빛이 든 오전 9시 가게 모습은 나오면서 사람들의 활동 모습은 왜 보여주지 않을까 하는 의문이 들었다.

김대홍의 〈잠꼬대〉란 설치작품에서는 소리는 들리는데, 우리말도 아니고 어느 나라 말로 잠꼬대를 하는지 분간이 안 된다. 스태프에게 "어느 나라 말로 잠꼬대하고 있어요?" 했더니, 웃으면서 "저도 몰라요" 한다. '잠꼬대'하듯 경구(警句)를 전달하고 있는 유비호의 영상작품 〈예언자의 말〉 역시 의미를 제대로 알아듣지 못했다. 알아들을 수 있는 잠꼬대도 있는데….

곰은 겨울잠을 자며 쓸개와 발바닥이 건강에 효험이 생긴다는 얘기는 들었는데, 곰 술과 즙이 잠과 무슨 관계인지, 작가(이원우)에게 묻고 싶었다. 그의 〈몸부림〉이란 로봇작품은 잠자면서 몸부림치는 행태를 상징하는 것으로 생각할 수 있으나, 〈몽유로봇〉, 〈진실의 코〉 등은 주제인 잠과 직접적인 연관성을 알아챌 수 없었다. 〈진실의 코〉란 작품은 코 모형 안에 들어갈 수 있도록 설계되었다. 스태프에게 도움을 요청해 코 안을 탐험했다.

가상현실, 로봇 기술을 이용한 카메라, 반사경이 설치된 이성은의 〈꿈 깨기 전에는 꿈이 삶이고 삶 깨기 전에 삶은 꿈이다〉란 작품 앞고 있다. 각지 앞에 적이 놓인 설명문을 보니 직업도, 그곳에 온 사연도 가지각색이다. 탈북자, 마사지사, 마술사, 경비원, 가정주부, 무용가, 대리기사, 자신을 밝히지 못하는 자 등 신분도 다양하고, 일당을 벌려고, 체험을 위해, 무료하여, 미술가의 요청을 받고 온 사람 등 목적도 각양각색이다. 누워서 잠자는 것이 보편적이지만, 쪼그리고 앉거나, 가부좌를 하거나, 한 손을 바닥에 짚고 비스듬히 앉는 등 '눈을 붙이는 방법'도 제각각이다. 잠자는 시간이나 자세는 다를 수밖에 없지만, 여럿이 잠 잘 때는 '모두가 침묵을 지켜야' 함을 웅변하고 있다.

워드 워크스의 작품 전시코너에는 "잠은 존재하는 가장 순수한 생명체이며 잠을 못 이루는 자는 가장 죄인이다."라는 프란츠 카프카, "잠, 얇은 죽음의 조각들—내가 얼마나 그것들을 혐오하는지"라는 애드가 앨런 포의 말을 각각 한글과 영어로 적어 놓고는 '그는 잠들었다'고 일갈한다. 〈좋을 것 같아요〉란 작품은 잠과 관련된 몇 가지 텍스트를 만들어 바닥에 전시해 놓았다.

최윤석의 〈슬립북〉은 사람들이 잠들거나 조는, 웃음이 절로 나는 자연스런 모습의 사진들을 담은 비닐 파일 여러 개를 전시실에 놓아두었다. 박가인의 팔뚝에 검은 털이 더부룩한 남자에게 안겨 잠자려는 여인의 예쁜 얼굴이 등장하는 〈갈팡질팡하다〉, 옷가지, 서적, 잠자리 용품 등이 널브러진 여성의 방을 재현한 〈우사단로에서 먼우금로〉란 작품도 쉽게 잠을 연상할 수 있었다.

예술이 된 <나의 잠> 전시

　사람은 저 생애의 3분의 1을 자면서 보낸다. 그만큼 잠은 삶에 있어서 필수적이고 불가피한 것이다. 잠을 주제로 한 전시회를 한다 하여 '과연 무엇이 전시될까?' 궁금했다. 옛날 서울역사인 '문화역서울 284'에서 개최되고 있는 〈나의 잠(My Sleep)〉 전시회(2022.7.20~9.12) 얘기다. 전시장을 들어서니 아직도 그곳에선 입구에 체온측정계를 비치해놓고 있다. 엄격히 입장을 제한했던 지난날의 유산이지만, '정상입니다'라고 판정을 내려줘 전시장을 당당하게 들어섰다.
　셰익스피어의 〈맥베스〉 2막 2장에서 "잠은 모든 것을 정화시켜준다. 잠은 두려움과 걱정거리를 사라지게 하고, 하루를 마감하며, 낮 동안의 일로 인한 골치 아픔을 누그러지게 하고, 상처받은 마음을 달래준다. 잠은 삶이란 축제의 가장 중요한 자양분 공급원이다."라고 했던 대화가 떠오른다.
　가면을 쓴 마네킹 여러 개가 다양한 포즈로 놓인 김홍석의 〈침묵의 공동체〉란 작품이 천장이 높은 왕년의 '중앙홀' 바닥을 가득 메우 것 없이 매사에 악착같이 매달렸다. '주는 대로'가 아니라 '먹고 싶고 하고 싶은' 것을 할 수 있는 돈을 벌기 위해 고향을 등지고, 도시로 공장으로 몰려갔으며, 외국의 탄광이나 사막도 마다하지 않았다.

  15년간 외국 생활을 하면서 치킨티카(서남아), 햄버거(미국), 피시앤칩스(영국), 가이세키요리(일본)를 질리도록 맛보았지만, 그것보다 콩가루부추무침이 더 당기는 것은 엄마의 정성에 고난의 추억이 깃들었기 때문일 것이다. 골라서 먹을 수 있는 맛집은 지천인데, 주는 대로 먹어도 만족할 엄마표 식당은 눈에 띄지 않는다. 한 끼 식사를 위해 그 식당까지 왕래할 수는 없지만, 고향 까마귀들을 보러 갈 땐 또 들러야겠다.

안동문화(원)회보 제75호(2022.6.30) 게재

었다. 나만 그런 것이 아니고 온 마을 주민이 모두 보릿고개에 단련되었기에 그런 궁핍함에 불평불만이 있을 수 없었다.

보리쌀에 햇감자만 들어가도 목구멍으로 밥 넘기기가 훨씬 수월했다. 음력 6월인 내 생일날은 쌀밥을 맛보았지만, 여름날 점심은 물독에서 냉수를 떠 보리밥을 말아 풋고추를 된장에 찍어 삼키고, 저녁은 보리밥에 된장찌개, 겉절이로 해결했다. 제사는 음력 동짓달에서 2월 사이에 있어 그때에는 쌀밥 한술을 얻어먹을 수 있었다. 물론 증조부님께서 제사 음복을 남기신 덕이다. 고모들이 친정에 올 때나, 동리에 돼지를 잡는 날에만 고깃국을 먹을 수 있었다. 살코기는 없어도 그저 고기 기름이 둥둥 뜨는 국물이 그렇게 맛있을 수가 없었다. 불과 반세기 전 시골 고향에서의 일상이었다.

메뉴도 없는 식당이니만큼 계산도 달라는 대로 값을 치른다. 먹는 사람이나 식당 주인 양측이 '내가 밑졌다'는 생각이 들지 않을 정도의 신뢰와 자신감이 자리하고 있다. 허름한 집이지만 주인과 손님들 사이의 믿음이 음식 맛을 더해주었는지도 모른다. 손맛에 인간관계란 양념이 첨가되어 소주잔을 기울이며, 잠시나마 즐거운 저녁 시간을 보냈다.

'목구멍이 포도청'이란 말이 있다. 대체로 사람들은 배가 고프면 굽신거리거나 주어진 상황을 받아들이는 것을 삶의 방편으로 삼는다. 그런데 우리 민족은 가난, 먹고 사는 문제에서 벗어나고자 너 나 할

주는 대로 먹는 식당

몇 달 전 고향 안동으로 내려가 옛 친구들과 저녁을 먹으러 어느 식당을 들렀다. 의자에 앉는 테이블이 아니라, 포마이카 반을 둘러싸고 방바닥에 앉는 조그만 식당이었다. 그곳에는 '을(乙)'인 식당 주인의 '콧대 높은 메뉴판'이 붙어 있었다.

주문 : 주인 주는 대로, 식사 : 주인 마음대로

주인이 '마음대로' 준비하여 제공한 음식 가운데에는 콩가루로 버무린 시래기나물과 조선배추 겉절이가 빠지지 않았다. 반찬은 지난 세월 그 시절 상차림이었지만, 밥은 꽁보리밥이 아닌 차진 쌀밥이었다.

어릴 적 나는 집에서 엄마에게 뭣을 먹고 싶다고 보챌 형편이 못되었다. 나뿐만 아니라 아버지도 마찬가지여서, 그저 부엌에서 내어주는 대로 먹었다. 어린 내가 할 수 있는 것은 텃밭의 가지를 따 먹거나, 떨어진 생감을 담가 숙성시킨 것을 꺼내 먹는 것이었다. 감자나 고구마를 캐는 계절에는 몇 알을 아궁이 불에 구워 먹는 것이 고작이

이 떠내려갔다. 시멘트로 바닥에 고정시켜놓았음에도 인간의 허술함을 꾸짖기라도 하는 듯 자리를 떠난 것이다.

칸트는 평생 독신으로 살았고, 집을 멀리 떠나지 않았다. 매일 일정한 시간 산책에 나서, 주민들이 산책하는 그를 보고 시각을 맞출 정도로 철두철미했다. 그랬던 그가 낯설고 물선 한국에 와 '뒤늦게 바람나 반려자를 찾아 나선 것은 아닐까?' 하지만 400세가 다 된 그가 이국땅에서 가벼이 행동할 철학자는 아니다. 그의 안식처를 마련했던 우리가 허술했을 뿐이다.

다리를 꼬고 무릎 위에 책을 펼친 채 앉아 있는 칸트가 그립다. 그를 만나려면 건너야 하는 둥근 철문과 다리도 다시 손봐야 한다. 일방적인 초대지만 머나먼 이곳 이국땅에서 평소처럼 책 읽기에 몰두할 수 있도록 자리를 다시 마련하자. 그는 "다시 일어나서 앞으로 나아가라. 반드시 빛이 그대를 맞이할 것이다."라고 말했다.

칸트의 속마음을 떠볼 생각일랑 말자. 책을 읽건, 산책을 하건, 학생을 가르치건 자신의 일에 열중할 수 있도록 위험요소를 줄여주자. 내년 장마철이 오기 전 그를 다시 모셔 와 일상을 우리와 함께할 수 있도록 했으면 좋겠다. 허술하고 부실하게 다진 터를 공원을 만들어, 지나는 이들의 마음을 더는 상하게 하지 말자. 실패를 거울삼아 칸트를 다시 모시고 싶다.

칸트상(像)의 행방불명

2017년 10월 양재천에 칸트의 산책길이 생기고 인공섬에 책 읽는 모습의 이마누엘 칸트상(像)이 모셔졌다. 오른편에는 "행복의 원칙은 첫째 어떤 일을 할 것, 둘째 어떤 사람을 사랑할 것, 셋째 어떤 일에 희망을 가질 것", 왼편에는 "한 가지 뜻을 세우고 그길로 가라. 잘못도 있으리라 실패도 있으리라"라는 글 판도 함께 세워졌다. 2021년 4월에는 개천 바닥에 낙차를 만들어 흐르는 물소리가 들리도록 분위기도 돋우었다.

한국에 온 지 5년도 안 되는 칸트는 올해 두 번이나 물난리를 겪었다. 6월 장마에는 산책길이 적힌 이정표와 잔디밭 출입금지 표시를 한 말뚝이 뿌리를 드러낸 채 넘어졌음에도 그는 한 치의 흐트러짐 없이 제자리를 지키고 있었다. 그러나 8월에는 왼편의 철판만 남고 행방불명되었다. '잘못과 실패가 있다.'는 자신의 말을 깨닫도록 하기 위해서인지 사라져버린 것이다. 함께 흙탕물을 뒤집어쓴 주변 나무들은 제자리를 지키고 있는데 벤치, 들마루, 칸트 청동상은 흔적 없증조할아버지께서 경상북도 영주의 성혈사란 절에서 새벽종 소리를 듣고 쓰신 〈성사신종(聖寺晨鍾)〉이란 한시(漢詩)다. 안개 낀 이른 새벽 산중에 아스라이 울려 퍼지는 종소리! 상상만으로도 산속 정취가 잡히지 않는가! 은은하게 들려오는 소리가 마음을 차분하게 가라앉힌다. 간절히 소망하는 것이 있거나, 한없는 평온함을 유지하고 싶을 때 그런 소리를 듣고 싶다.

요즈음은 자동차의 경적, 건물의 화재경보기나 비상벨, 불자동차와 앰뷸런스의 경적이 종을 대신해 요란스런 소리를 내고 있다. 종과 종소리가 사라지는 것에 반비례하여, 이런 소리들은 잦아지고 있다. 소리의 잦음을 좋고 나쁨으로 판단하기는 어렵다. 장비점검이나 실제 상황 등 필요한 경우엔 경적이 울려야 하겠지만, 그래도 소리가 나지 않는 것이 좋다는 생각이다. 위험이 적다는 의미일 테니까.

시대가 바뀌어 종이 아닌 시계가, 종소리가 아닌 알람의 말로 시간을 알려주거나 잠을 깨우고 있다. 위험을 알려주는 것도 종이 아닌 다양한 경적이다. 우리 집 방울종소리처럼 맑고, 산사의 새벽종 소리처럼 은은한 소리가 그립다. 그런 종소리는 각박한 세태에 평화와 안식을 가져다줄 수 있을 것 같기 때문이다. 놀람이 아닌 감사를 전하는 종소리가 세상에 널리 울려 퍼졌으면 좋겠다.

도자기나 쇠 종은 안이 보이지 않아 그냥 구슬 같은 공이를 매달아 놓았을 뿐이다. 종 바깥의 문양도 민짜, 꽃무늬, 그림, 디자인 등 여러 가지다.

그 종들은 소리를 낼 목적이 아니라 순전히 진열목적이다. 지금은 시계와 도자 꽃과 함께 50여 점만 거실 진열장에서, 나와 아내에게 '보기는 하나?'라고 질문하고 있다. 깨지기 쉽고 가끔 오는 손주들 다칠 염려도 있어 평소에는 진열장을 잠가 둔다. 손주들이 오면 진열장에 있는 종을 꺼내 소리를 들려준다. 딩딩딩, 동동동, 당당당, 틱틱틱, 턱턱턱, 댕댕댕…. 크기나 재질에 따라 소리가 모두 다르다.

나는 그중에 공이가 인형으로 된 민짜 유리 종을 좋아한다. 이탈리아제로 DOLFI란 제품인데, 다른 종보다 유난히 소리가 청아하다. 둥글고 큰 인형 받침이 다른 유리 종보다 두꺼운 종의 안쪽 면을 치면 낭랑한 소리를 낸다. 소리가 맑아서 좋다. 기분이 상쾌해진다.

　　신선한 암자에 저녁에 내렸던 안개 걷히니
　　가사 입은 노승이 홀로 대(臺)에 오른다
　　종소리 그치자 산은 다시 적막하니
　　산기슭의 그윽한 정취는 친구를 부를만하네

　　　　　　《素愚文集 황환묵의 세상일기》 중(p.36)에서

종을 흔들어 주변에 왔음을 알렸다. 모두 아련한 추억이거나 기억 속에 있을 뿐이다.

종도 가지각색이다. 가운데 달린 추를 움직여 안쪽 면에 부딪히게 하여 소리를 내는 종, 바깥을 타격하여 소리를 내는 종, 작은 종을 흔들면 안쪽의 공이가 안쪽 면에 부딪혀 소리가 나는 방울종 등 종류가 다양하다.

요즈음은 종소리를 듣기가 쉽지 않다. 크리스마스가 다가오면 종소리가 포함된 캐럴송이 거리에 넘쳤으나 저작권 때문에 노래를 틀지 않아 송년 분위기를 느낄 수 없게 된 지 오래다. 또 연말이면 보신각에서 제야의 종이 울려 퍼지지만, 현장에 가서 들은 적은 없다. 언젠가 젊은 사람들에게 인기 있는 맛집을 들렀더니, 종업원이 메뉴를 결정하면 식탁에 놓인 종을 흔들란다. 메뉴를 고른 후 조그만 놋쇠 종을 흔드니 소리가 요란해 주위 사람들이 모두 쳐다본다. 생각지도 않던 곳에서 오랜만에 종소리를 들었다.

우리 집에는 방울종이 200여 개쯤 있다. 도자기, 토기, 유리, 크리스털, 쇠로 만든 것들이며 그중 일부는 진열장에 모셔놓고 있다. 몇 개는 순환진열을 위해 보관함에, 나머지는 종이에 싼 채로 어딘가 처박아 두었다. 처음엔 아내가 벼룩시장에서 구입하였으나, 나중엔 내가 출장 다닐 때 보이는 대로 구해 온 것들이다. 대부분 외제(外製)다. 종의 모양도, 손잡이도, 유리제품 종의 경우 종의 공이도 다양하다.

종과 종소리

내가 초등학교에 다닐 때에는 소사(小使)가 치는 종소리에 맞추어 학교수업이 시작되고 끝났다. 전체 학급이 같이 시작하고 끝내기 위해 종을 쳤던 것이다. 전기가 들어오지 않는 시골이어서 각 교실끼리 벨을 연결할 수 없었다. 요즘과 달리 벽시계도 귀했고, 선생님도 손목시계를 차지 않아 종소리가 시각을 알리는 기능을 했다.

종소리가 들리는 곳은 집에도 있었다. 소 목덜미에도 방울 역할을 하는 조그만 종을 달아놓아 고개를 저을 때마다 소리가 났다. 파리나 모기 등 곤충을 쫓기 위함이리라. 방울은 소를 산에 방목할 때 소의 위치추적에도 유용하게 이용된다.

서울에 올라오니 새벽녘 인근 여러 교회에서 울리는 종소리 때문에 새벽잠을 설치기도 했다. 여러 번 종이 울리면, '어느 교인 추모예배를 올리고 있구나.'라고 짐작했다. 언제부터인가 교회의 종소리는 멈췄다. 도시의 사찰에서도 범종각에 매달린 종을 보지만, 종소리를 들은 것은 몇 번 되지 않는다. 그 옛날에는 야채나 두부 행상들도 방울

청계천 기행
맑은 물을 흐르게 한 혈세투입의 현장

한강은 동에서 서로 흐르는 데 반해, 청계천은 도성 가운데를 서에서 동으로 흐른다. 원래 청계천은 한양도성 사방의 산(백악, 낙산, 인왕, 목멱)에서 내려오던 개울물이 흐르던 자연하천이었는데, 생활용수를 공급하거나 하수를 처리하는 생활하천이었다. 비가 와 바닥에 토사가 쌓이고 범람하기도 하자, 개거도감·준천사와 같은 전담기관을 설치하여 바닥을 파고 물길을 넓히거나 축대를 쌓고 버드나무를 심어, 자연하천을 인공하천인 개천(開川, 淸溪川)으로 바꿔놓았다.

일제강점기와 광복, 그리고 6·25전쟁을 거치면서 인구가 기하급수적으로 증가하여 생활하수가 늘어나 지천 복개가 시작되고, 1977년에는 전부 복개되어 청계천이 청계로가 된다. 1980년대 중반까지 청계로 위에는 청계·삼일고가도로가 완공되며, 복개도로 좌우에는 상가와 공장이 들어서 한국 경제성장의 견인차 역할을 한다. 못 만드는 것이 없고, 못 구하는 것이 없는 청계천 신화의 현장이 된 것이다.

21세기 들어서 삶의 질을 개선하기 위한 욕구가 분출되고, 2002년 서울시장 선거에서 청계천 복원이 쟁점이 된다. '즉시 복원'을 주장하던 후보자의 당선으로 그해 7월부터 복원계획이 수립되어 2005년 10월 5.84km에 이르는 청계천 복원공사가 마무리된다. 시멘트콘크리트로 덮였던 청계천이 다시 지상으로 나와 한강물을 끌어들여 이름 그대로 '맑은 물이 흐르는 개천인 청계천(淸溪川)'이 된 것이다.

지금은 복원 후 20여 년이 지나 청계천 복개도로와 그 위 고가도로는 아련한 추억이 되어가고 있으며, 청계천변에 다닥다닥 들어섰던 판잣집들은 대다수 시민들의 기억에서조차 사라졌다. 판자촌 사람들은 갔고, 고가도로 세대들도 황혼기에 접어들었다. 1970년대 중반 서울에 터전을 잡았던 나도 고가도로 밑 청계로 양옆에 밀집해 있던 가게들과 택시를 타고 4~5층 높이의 고가도로를 신호등 없이 시원스레 달렸던 기억밖에 없다.

청계천의 오늘을 살펴보기 위해 따끈한 여름날 오전, 스위스 목동들의 전통악기인 알프호른(Alphorn)을 바로 세워둔 것과 비슷한 모양의 클래스 올덴버그 & 코샤반 부르군의 〈스프링〉이란 작품이 설치된 청계광장을 거쳐서 청계천으로 내려섰다. 뒤를 돌아보니 높지 않은 인공폭포가 흘러내려 기분을 서늘하게 한다. 개천 곳곳에는 징검다리를 놓아 물길을 살펴보거나 건널 수 있도록 해 놓았다.

산책로를 따라 조금 가니 청계천에 있었던 24개 다리 중 첫 번째

다리인 모전교가 나타난다. 교통흐름의 편의를 위해 폭과 길이는 넓히거나 늘리고, 재질도 콘크리트, 돌, 나무로 특색을 살려 다양한 모양의 새로운 다리를 가설하였다. 효경교, 하량교 등 복원과정에서 발견된 다리가 있던 곳에는 그 사실을 알리는 동판을 산책로에 묻어 두었다.

수표교(길이 27.5m, 폭 7.5m, 최대 높이 4m)처럼 보존 가치가 있는 다리는 장충단공원 한쪽에 옮겨놓았다. 청계천의 물 높이를 측정하던, 보물로 지정된 '수표'(水標)는 다시 세종대왕기념관으로 옮겨졌고, 복제품 수표는 청계천박물관에 전시되어 있다. 동대문(흥인지문) 인근 한양도성 성곽이 지나던 청계천에는 다섯 칸의 수문으로 된 오간수문(五間水門)과 두 칸의 이간수문(二間水門)이 있었는데, 오간수문은 당초 위치의 하류 지점 북측 벽에 모형을 만들어 놓았고, 이간수문은 동대문역사문화공원 옛 성곽자리 아래에 복원해 전시하고 있다.

청계천에서 만날 수 있는 과거 흔적으로는 청계천박물관 앞에 새로 지어 놓은 판자촌 모형 몇 채와 성북천과 만나는 지점에 남겨둔 고가도로 교각 3개가 있다. 판자촌은 코로나19로 개방을 하지 않고 있었는데, 사진에서 봤던 판잣집보다 깨끗하고 정돈되어 당시의 생활상과는 딴판으로 느껴졌다. 뻘쭘하게 외따로 서 있는 고가도로 교각만이 청계천 위에 도로가 있었음을 알리고 있을 뿐이다. 매연과 소음에 시달리면서도 청계로 연변 조그만 가게에서 '사장' 소리 들어가며, 내

일을 위해 불철주야 분주했던 치열한 삶의 현장 모습은 어디에서노 찾아볼 수 없었다. 대신 청계천 양쪽 호안에 붙여놓거나 청계천박물관에 전시해 놓은 흑백 사진들이 당시를 증언하고 있다.

청계천에는 곳곳에 볼거리를 새로 만들어 놓았다. 광교하류 디지털 가든에서는 저녁시간에 조명을 이용한 디지털 꽃을 만날 수 있으며, 조선 22대 정조대왕이 수원 화성을 참배하는 모습을 그린 《원행을묘정리의궤(園幸乙卯整理儀軌)》를 바탕으로 한 〈정조대왕 능행 반차도〉를 북측 벽에 타일로 재현해 놓았다.(1,779명의 인원과 779필의 말이 그려져 있다) 그 외에도 이육사의 시, 벽화, 설치미술 작품, 2만여 명의 소망을 적은 타일이 부착된 '소망의 벽', 선남선녀들을 위한 '청혼의 벽'도 설치되어 있다.

일제강점기까지 빨래터였으며, 광복과 6·25전쟁 후 세워진 수많은 판잣집으로 인해 온갖 하수로 시궁창이 되었던 청계천이 복원 후에는 물고기가 서식하고 백로가 날아들 정도로 수질이 개선되었다. 청계천 밑바닥 대부분은 정비되어 빗물이나 홍수에도 흙탕물이 되지 않으나, 황학동 아래쪽 일부 구간은 맨 흙바닥을 그대로 살려두어 호우가 지나고 난 뒤 들렀을 때에는 모래가 보일 정도였고, 개울에는 잉어가 물살을 즐기고 있었다.

토사가 쌓이거나 웅덩이가 생기는 자연하천을, 산책로와 즐길 거리를 만들어 정갈하게 정비해 놓은 것이다. 그 청계천에 발을 담그고 물고기를 관찰하며, 시민들이 산책이나 조깅, 데이트를 즐기는 휴식의 공간으로 바꾸어 놓은 것에 감사한다. 수조 원의 세금이 투입되었겠지만 낭비라는 생각이 들지 않음은 복원사업이 성공했음을 웅변하고 있다. 혈세는 그런 식으로 쓰여야 하지 않을까?

서울문화투데이 2022년 11월 9일자 게재

최계순

dome101@hanmail.net

이해한다는 것
자매들의 여행길
생명의 신비
원더풀 라이프
라떼는

가을을 음악과 함께 보내며 친구와의 약속 장소 예술의전당으로 왔다. 이 가을을 즐기고 싶어 마음먹고 1시간이나 일찍 왔다. 이런 때 나는 늘 잊지 않고 챙겨 가지고 온 피천득의 《인연》을 펼친다.

눈을 들어 주위를 보니 갓을 쓰고 자애로운 미소를 짓는 듯한 오페라하우스가 있고 콘서트홀이 있고 서예박물관이 보인다. 그리고 시계탑을 보며 음악과 함께 춤추고 있는 분수대가 조화롭게, 아름답게, 깊은 가을의 정서를 거들고 있다.

이 아름다운 시간에 국악원 앞 잔디광장의 의자에 앉아 책을 펼치고 피천득 님의 〈엄마〉를, 〈서영이〉를 그리고 〈찬란한 시절〉을 읽는다. 보고 또 보는 내용들인데 피천득 선생과 앉아 정다운 담소를 나누는 듯한 친근감과 다정함이 함께한다. 그중 〈엄마〉는 예쁜 엄마가 달아날 까 봐 걱정스러웠던 엄마가 영영 가버린 얘기를 슬프지 않게 쓴 슬픈 얘기다. 늘 함께 있어 준 친구 같다. 나도 이런 글을 쓰고 싶다.

2015년 《한국산문》 등단
산들문학회, 서초문협. 한국산문 회원
산문집 《돌담 너머의 아버지를 만나다》
공저 《함께 가는 낯선 길》

이해한다는 것

이해하는 것은 잘 헤아려 너그럽게 받아들인다는 뜻이다.

누군가를 이해한다는 것이 무엇을 의미하는지 크게 생각해 보지 않았었다. 그런데 외손주 승빈이가 그 단어에 큰 관심을 갖게 했다.

그 애가 다섯 살 때의 어느 날, 우리 집 거실에서 야구를 한다며 방망이를 휘두르고 신나게 놀았다. 추운 겨울이라서 밖은 추워 나가 놀 수가 없는 상태이기도 하고. 아이가 좋아하니 나 또한 즐거웠다. 그러다 홈런을 친다며 방망이를 휘둘렀고 날씨가 추워 거실에 들여놓은 화분을 맞혀 깨뜨리고 말았다. 도자기 화분에 있던 나무와 흙이 깨진 날카로운 조각들과 엉켜 난장판이 되었다. 옆에서 보던 딸과 사위는 우리에게 미안했던지 당황하여 아이를 호되게 나무라고 있다. 그러나 외할머니인 나는 눈에 넣어도 아프지 않을 손주가 눈물을 흘리며 혼나고 있으니 마음이 아팠다. 껴안고 등을 다독이며 "괜찮다, 그럴 수 있다."고 달래주었다.

아이들이 맘 놓고 놀아야 하는 장소에 화분을 놓은 어른의 잘못도 있으니까.

그렇게 우여곡절을 함께하며 즐거움을 줬던 아이들과 이별의 순간이 왔다.

사위가 싱가포르 주재원으로 발령이 나서 4년여를 헤어지게 되었다. 먼저 가서 근무 중인 아빠를 따라 떠나야 한다. 떠나기 전날 저녁 식사를 우리 집 식구와 함께하고 다음 날 아침 일찍 공항에 가기 위해 친가로 가야 했다. 그곳에서 하룻밤을 지내기로 했다니 얼른 보내야지 하는 생각에 친정엄마인 내 머릿속은 부산했다. 딸의 시댁에 대한 예의가 우선이었지 이별에 대한 생각은 그다음이었다. 아이들을 보내며 이별은 짧을수록 좋다고 외할아버지는 현관에서 작별인사를 나누었다. 나는 마지막으로 손주를 따뜻한 온기로 업어주고 싶어 업은 채 삼촌, 이모와 지하 주차장으로 내려갔다.

차에 태우기 위해 등에서 내려놓으려는 순간 다섯 살 손주가 내 어깨를 부여잡고 안 내린다며 울기 시작했다. 목에 바위처럼 손깍지를 끼고 외할머니랑 지금 같이 가자고 떼를 썼다. 그러면 안 된다고 친가에서 기다리니 얼른 가야 된다고 엄마가, 삼촌이, 이모가 아무리 달래도 소용이 없었다. 아이는 지금 할머니랑 같이 가면 왜 안 되느냐고 깍지 낀 두 손을 더 굳건하게 조이며 굽히질 않는다. 어린아이들은 헤어짐의 감성을 모를 줄 알았던 나는 당황했고 애가 울다가 위험한 상황이 올 것 같았다. 급기야 어처구니없는 말을 했다.

"아기 하루 여기서 재우고 내일 공항으로 데리고 갈까?"

옆에 있던 아들딸들이 차분한 어조로 안쓰러워하는 내 마음을 진정시켰다.

"엄마~ 여기서 이러시면 안 됩니다. 냉정하게 내려놓으셔야 일이 순조로워집니다. 지금 친가에서 사돈어른들이 기다리고 계십니다."

그러나 정작 아이의 엄마는 그 모든 광경을 그냥 보고만 있었다. 이미라서, 엄마의 딸이라서 나와 똑같은 생각으로 울기만 하는 아들이 더 걱정돼 어찌할 바를 모르겠다는 표정이다.

여전히 나는 애를 업은 채 서 있고 손주는 주차장이 떠나갈 듯 운다. 결국 나는 냉정한 결단을 내려야 했다. 풀리지 않을 것 같은 손주의 손깍지를 힘주어 풀고 차에 내려놓았다. 그리고 눈을 마주치지 못한 채 뚜벅뚜벅 걸어 아이의 눈물 같은 그리움을 돌아보지 않는 것처럼 엘리베이터에 몸을 실었다.

아이를 그렇게 눈물과 함께 보내고 생각했다. 내가 그렇게 한 것이 최선이었는지.

며칠이 지난 후 이삿짐도 얼추 정리되어 엄마 아빠께 소식 전한다며 딸에게서 전화가 왔다. 한참 전화통화를 하고 끝내려는데 손주가 할머니와 통화를 원한단다.

"할머니, 언제 오세요?"

손주의 목소리가 급하다. 그리고 잠시 머뭇거리더니 고사리 같은 언어가 전화기를 타고 건너왔다.

"할머니, 그때 제가 화분 깼을 때 혼내지 않고 이해해주셔서 감사합니다. 이거 맛있는데 할머니가 좋아하실 것 같아 따로 접시에 덜어 놨어요."

그 멀리에서 할머니를 위해 맛있는 음식을 챙겨 놓았단다. 다섯 살 손주의 초롱초롱하고 섬세한 언어에 너무 놀랐다. 나는 그새 다 잊고 있었는데 어떻게 어린 마음 안에 '이해'라는 언어가 들어 있어 이렇게 표현을 할 수 있단 말인가. 감동이었다. 아이가 아직 어려서 이해라는 어려운 감성이 없을 줄 알았다.

그 아이가 커서 중학교 2학년 사나이가 됐다. 이젠 사랑해서 그리워한다는 것을 이해하는 듯하다. 일주일에 두 번, 내가 마음으로 부르는 날에는 아침 학교 가기 전에 "할머니, 저 오늘 할머니 댁에 가요." 문자 메시지를 보내고 방과 후에 꼭 온다. 나는 그 애가 어린 아기일 때 부르곤 했던 자장가 '섬집 아기'와 '진짜 사나이'를 콧노래로 부른다. 그리고 매정하기도 했던 할머니의 사랑을 이해하는 듯한 손주를 맞이한다.

자매들의 여행길

 만경의 넓은 들녘을 지나 마을 깊숙한 곳에 고즈넉한 초가집이 기억자형으로 있다. 앞마당에는 할머니들이 '시함'이라 부르는 물터가 있고, 짙은 회색빛 부엌을 지나면 뒤뜰에는 담장 대신 빽빽한 대나무가 바깥세상처럼 숲을 이루고 있다. 그 대나무 사이를 뚫고 나가면 야트막하게 둥근 산이 있다. 그곳에서 재잘거리며 수다를 떨고, 책을 보고, 남자아이들처럼 자치기를 하며 숨길 수 없는 활달함으로 함께했던 자매들이 있다. 우리는 함께 어울려 익어가는 옥수수도 따 먹으며 얘기를 하느라 밤이 깊어가는 줄을 몰랐다.
 "시끄럽다! 배 꺼진다. 호롱불 지름 아껴야지 안 자고 뭐 하노?"
 보다 못한 근엄하신 할아버지의 호통 소리가 울려 퍼진다. 호통에도 아랑곳없이 우리 자매들은 서로의 입을 막아주며 웃고 떠들었다.
 농번기 방학 때면 모두가 공부를 멈추고 물 댄 논의 흙을 고르고 모판을 나른다. 논 물속의 거머리가 무서워 큰 흙덩이 위에 올라 외발로 깽깽이를 하며 엄살을 부리는 나를 보고 웃고 넘어가 주던 언니들이다. 흰떡처럼 하얗게 예뻤던 언니들도 너도 결혼을 한 후에는 서로 곁을 살필 겨를 없이 각자의 삶을 살았다.

그러던 어느 날. '아~ 세월이 쏜 화살 같다더니 어느새 큰언니가 칠순이라니!' 하는 생각이 머리를 강타하면서 네 자매 중 남은 세 자매의 여행이 시작되었다. 지금이라도 늦지 않았으니 싱그럽고 청량한 봄과 함께 시작하자 했던 여행이 일곱 번째다.

첫해, 그 옛날 명절 때마다 힘 있는 아들들을 다 밀어내고 인절미 떡메 치던 실력으로 떡메 치기를 한번 해보자며 강원도 정선을 갔다. 그렇게 시작하여 사나흘의 일정으로 매해 장소를 바꿔 여행한다. 막내인 나는 차 운전을 하고 셋이서 묵을 숙소를 정한다. 그 밖의 먹는 것을 비롯한 여러 가지는 자연스럽게 언니들이 준비한다. 번거롭고 힘드니 음식은 현지에서 해결하자고 누누이 말하지만, 여행 첫날 모이는 장소에 도착해 보면 언니들의 보따리가 많다.

떡을 해오고 약식을 해오고 고기를 재워서 온다. 운전을 하다 보면 우리 언니 고운 손으로 빚어서 만든 쫄깃쫄깃한 쑥개떡이 내 입으로 들어온다. 쑥과 참기름의 향이 차 안을 가득 메운다. 이른 봄부터 애기 쑥을 마련하기 위해 산과 들을 헤매었다며 웃는다. 무엇을 어떻게 먹든 우리에게 중요하지 않으나 어디에도 비할 수 없이 맛있고 다정하며 따뜻하다. 입안 가득 웃음으로 내년에도 또 이 쑥떡을 가져오시라 종용하는 듯하다.

이번 여행은 멋진 상고대를 한번 보자며 이른 아침 덕유산을 향하여 떠났다.

서울의 서초 톨게이트를 지나는 순간 우리의 잡다한 걱정들은 다 사라지고 즐거움과 기쁨과 행복감이 우리와 함께 동행한다. 차의 핸들을 잡은 내 손은 날아갈 듯 가볍다. 무슨 말을 해도 무슨 행동을 해도 따뜻하게 받아주는 믿음직한 자매들. 아무에게도 하지 못한 얘기들을 자연스레 꺼낸다.

큰언니는 불성실한 형부의 사업 실패로 혼자서 전쟁을 치르듯 아이들을 키웠다. 이제야 동생들 앞에 눈물 없이 담담하게 얘기할 수 있게 됐다며 힘들었던 지난 얘기를 한다. 속수무책으로 어려워진 가족의 생계유지를 위해 좌판 노점상을 할 때의 얘기다. 초등학생이었던 큰아들이 학교가 끝나면 어머니를 보러오곤 했다. 멀리서 어머니를 보니 단속 나온 경찰을 피해 무거운 야채와 과일들을 머리에 이고 손에 들고 쫓기고 있었다. 아들이 오는 줄도 모른 채 뛰고 있는 엄마를 따라 같이 뛰며 그 애는 다짐했단다. 커서 경찰이 되어 저 사람들을 혼내 줄 것이라고.

다음 날 팔아야 하는 물건들을 사기 위해, 찬 새벽에 조용히 문을 나서니 그 아들이 목도리를 둘둘 말고 문 앞에 먼저 나와 서 있었다. 산더미 같은 채소며 과일들을 엄마 혼자 운반하기 힘드니 자기가 돕겠다면서.

그날 아들을 앞세우고 물건들을 사서, 이고 지고 버스를 타고 내렸다. 버스 기사가 일일이 배려할 리 만무하고 여러 개의 보따리를 내리던 중 차가 떠났는데 마지막 보따리와 고사리 같은 아들이 안 보이더란다. 언니는 하늘이 무너지고 눈앞이 깜깜하여 잃어버린 것 같은 아들을 애타게 부르며 눈물만 쏟고 서 있었다. 다시 버스가 오고 의젓한 아들이 큰 보퉁이를 꼭 붙들고 내리더란다. 그때가 최고로 기뻤노라고 지금 눈앞의 일처럼 환히 웃는다. 그 아들은 다짐대로 경찰이 되어 무궁화를 달았다. 언니는 그렇게 사 남매를 키웠다.

모든 사연이 영화처럼 지나가고 아들, 손주, 며느리와 알콩달콩 즐거움만 남았을까 싶었을 때 집을 떠났던 형부가 치매 환자가 되어 돌아왔다. 사랑하는 아이들의 아버지, 그 인연도 소리 없이 받아들여 좋은 부부의 연으로 마무리했다. 애환 깊은 훌륭한 한 여자의 일생, 침묵 속에 있었던 이 모든 사연이 여행길에서 드라마가 되어 풀어졌다.

옛날 우리 어머니는 "살면서 공치사하지 말고, 침묵하라."고 늘 말씀하시곤 했다. 언니는 말없이 웃으며 순종했다. 지난 고통의 세월에도 불구하고 우리에게 언니는 행복하고 즐거움뿐인 사람이었다.

언니의 묵묵한 침묵은 인동초 꽃처럼 피었다. 환갑이 훌쩍 넘어 그라운드 골프를 시작하더니, 70세 넘어서는 도지부 회장까지 맡게 되었다. 해외 원정경기를 인솔하여 다니고 선수로서 개인종목 우승도 했다. 책임감 있게 '100세 시대'의 주인공으로, 인터뷰도 당당하게 잘

하는 즐거운 여장부가 되었다.

헤르만 헤세는 "행복이란 친구와 인생에 대한 오묘한 얘기를 악의 없이 잡담으로 하는 것"이라고 했다.

친구 같은 언니들의 다사다난한 기쁨과 슬픔의 얘기들을 들으며 휴게소를 거쳐 목적지에 도착했다. 덕유산이다.

곤돌라를 탔다. 창밖으로 보이는 산과 나무들, 많은 세월의 흐름으로 고목이 된 나무들까지 병풍처럼 아름답다. 정상 가까이까지 올라왔다. 산행길로 조금만 걸으면 향적봉이다. 거센 바람 속에서 선물 같은 나무서리, 상고대가 신비롭다.

눈이 쌓인 것처럼 하얀 크고 작은 나무와 고목들과 산 아래 풍경이 보인다. 드디어 정상이다. 향적봉의 돌탑이 보이고 우리나라 땅의 근골을 이루는 거대한 산줄기 백두대간이 발아래에 있다. 흐르듯 이어지고 있는 말 없는 산들을 보며 침묵으로 다독여진 우리 자매들의 지난했던 인생을 가슴에 안아본다.

생명의 신비
-연아의 첫 생일

　요즈음 우리 집은 올림픽경기장의 금메달 수여식 때처럼 환호의 장소가 되었다. 첫 생일을 맞이하는 외손녀 연아의 하루하루 모습들 때문이다. 연아는 일주일에 두 번 엄마와 함께 외가에 온다. 출산하여 신생아로 포대기에 싸인 채 집으로 왔었다. 누워서 먹고 자던 아기가 스스로 돌아눕기를 하더니 바닥을 기어 다니기 시작했다. 그러다 소파에 앉아 있는 할아버지 할머니 옆에 앉고 싶었던지 소파에 오르기 시작했다. 낭떠러지 같은 소파의 어디를 잡고 올라야 할지 손을 짚어 가늠해 보고 발이 미끄러지지 않게 힘을 모았다. 여러 차례 이리저리 시도해 보더니 드디어 올라 정점을 찍고 앉았다. 그리고 옆에서 숨죽이며 지켜보는 우리를 향해 환한 미소를 지었다. 그 모습은 내가 경험해 보지 못한 히말라야를 정복하는 위대한 여정 같았다. 우리도 힘차게 박수로 화답했다.
　곧바로 다시 머리를 앞으로 돌진하며 내려가기를 시도했다. 그렇게 하면 머리가 바닥과 충돌해 부상위험이 뻔한 상황이었다. 옆에 있던 외할아버지가 화들짝 놀라며 다리부터 내리는 방법을 가르쳤다. "후진, 후진(뒤로, 뒤로)"을 외치며 방향 전환을 시켜줬다. 살짝 방향을 틀어줬을 뿐인데 시킨 그대로 내려가 발이 먼저 바닥에 닿았고 반듯하게 섰다. 오르고 내림의 과정을 완성했다. 본인도 감격스러운지 스스로 손을 펴 드럼을 치듯 소파를 두드리고, 손뼉을 치고, 발을 흔들며 좋아했다. 지켜보던 우리도 이기기 금메달을 딴 듯, 히말라야의 안나푸르나 정상을 정복한 듯 함께 손뼉 치며 격하게 환호했다.

그 환호 소리에 행복하게 웃더니 다시 주변 가구들을 잡고 옆걸음을 옮기기 시작했다. 걸음마 연습이 시작된 것 같았다. 잡고서 옆으로 걷고, 앉았다 다시 걸으며 맹연습을 하더니 이젠 자유롭게 걸어서 집 안을 종횡무진 누비고 다닌다. 직립보행이 완성되어 자세의 균형을 유지할 수 있게 됐고 서니 두 손이 자유롭게 되었다. 퇴근하는 할아버지와 아버지를 보고 만세도 부르고 손뼉도 친다. 두려움도 지침도 없다. 하고 또 하고 새로운 것에 도전하며 인생을 즐기는 법을 터득하는 것 같다. 이 작은 생명이 하는 삶의 여정을 향한 노력은 빛나는 신비고 감동이다.

어느 날 갑자기 막내딸이 아일랜드 청년과 결혼하겠다고 했다. 우리는 국제결혼 소식에 놀라 당황했고 반대를 했다. 평범하게 결혼을 해도 남녀가 일평생 해로한다는 것은 기적을 이루는 것이라 했다. 그만큼 쉽지 않다는 얘기다. 어려운 순긴순긴 같은 환경의 익숙함 속에서 함께 공감하고 느끼는 것만으로도 치유가 되기도 하는데 이국의 낯섦을 어쩔 거냐는 이유에서였다. 더구나 둘 중 누군가는 고국을 떠나 살아야 하는 고통 또한 이유였다. 그럼에도 불구하고 노력하며 잘 살아 보겠다는 다짐 끝에 결혼이 성사되었다.

그 선물인 듯 꽃봉오리 같은 연아가 우리 곁에 왔다. 처음 태아의 초음파 사진을 보고 우리 모두 환호했다. 한 점의 모양새로 모태 속에서 경이롭게 잉태된 아기가 3cm가 되고 10여cm로 자라는 과정을 거쳤다. 그 작은 크기 안에 머리와 손과 발과 심지어 눈과 귀도 다 있다는 것은 신비였다. 점 하나였던 태아가 자라 거실을 누비고 다니고 암벽등반을 하듯 높은 소파를 오르고 내린다. 자유로움을 즐기며 자기가 시도하는 것들이 성공하면 인정받는다는 기쁨도 알 수 있게 됐다.

아기를 유모차에 태워 동네에 있는 학교 운동장에서 산책을 한다. 그곳 학생들이 농구, 야구, 축구, 테니스 등을 즐기는 모습들을 집중하여 보며 좋아하기 때문이다. 학교가 무엇 하는 곳인지 어느새 짐작하고 있음일까. 유모차를 밀고 트랙을 돌다 보면 마주치는 많은 분들이 아기를 보며 낯선 이국의 아름다움에 그냥 지나치질 못한다. 할머니가 듣기에 뿌듯한 한마디씩을 건넨다.

출산한 딸을 따라 첫 진료에 함께 갔었다. 진료를 받고 진료실을 나서며 의사 선생님께 "너무 예쁜 손녀를 보게 해주셔서 고맙습니다." 하고 인사를 드렸더니 "아기는 다 이뻐요" 하며 활짝 웃었다. 그렇다. 어린 아기는 생명의 신비이고 빛나는 별이고 혜택이다.

사위가 방학하면 연아는 아빠의 고국, 아일랜드에 간다. 영상으로만 봤던 그리운 친할아버지와 그곳 아일랜드 가족들을 만나기 위해서다. 저만치 밀쳐둔 그리움을 부족함 없는 기쁨으로 환호할 것이다. 그곳에 가기 위해 호수처럼 큰 눈과 희고 고운 얼굴, 서구적이면서 한국적인 아기의 사진을 찍어 여권도 만들었다. 생애 첫 행복한 해외여행이 될 것이다.

할머니가 숨바꼭질 놀이를 하자면 까르르 까르르 소리 내어 웃으며 할머니와 함께 논다. 그리고 울음을 멈추기 위해 미소 짓는 법을 가르치는 엄마의 바람을 알고 있는 듯 '더꿍 덩더꿍' 노랫가락에 맞춰 울음도 즐겁게 그치는 소녀가 되어간다.

연아가 지금처럼 건강하게 자라 차차 걷고 뛰고 행복하기를 기도한다.

"바람은 언제나 너의 등 뒤에서 불고 너의 얼굴에는 해가 비치기를…."

아일랜드 켈트족의 기도문을 읊조리다 연아가 떠올라 미소를 짓는다.

원더풀 라이프

나는 산 좋고 물 좋은 곳에서 학창 시절을 보냈다. 그러나 그 시절 내내 큰 도시, 서울로 가는 꿈을 꾸며 살았다. 사람은 낳아 서울로 보내고 말은 낳아 제주도로 보내라는 말도 있고 어린 시절 일찍 어머니를 여읜 탓도 있었던 듯하다.

그 꿈을 이루기 위해 학업에 열중했다. 좋은 성적으로 학교를 졸업하여 자랑스러운 이력서를 지참하고 큰 도시, 서울로 상경했다. 여기저기 취업 지원서를 내고 백방으로 노력했으나 마음처럼 되지 않았다. 편견 없이 지원 가능한 공무원이 되기 위해 다시 공부했고 드디어 국가기관인 서울의 종합병원에 합격했다.

그곳은 땅끝 최남단의 남해, 작은 섬에서까지 아픈 곳을 치료하기 위해 올라와 입원을 하는 곳이다. 나는 그 입원 수속실에서 입원비를 수납하는 업무를 담당하게 됐다. 희망이 이루어졌고 이제는 됐다며 평화로운 마음이 되어 각 부서의 동료들과도 즐거운 하루하루를 보냈다. 많은 신기한 것들과 새로운 것들을 경험하며 내 청춘에도 자긍

심과 자부심으로 채워져 갔다.

호사다마라 했던가.

어느 맑고 따스한 봄날의 출근길, 나를 보는 동료들의 분위기가 싸하고 낯설게 느껴졌다. 출근 즉시 인사과에 다녀오라는 전달을 받았다. 무슨 일인가 묻지도 못하고 인사과에 갔다. '공금횡령'으로 고발장이 접수되어 지금 당장 경찰서에 가서 조사를 받아야 한다며 빨리 종로 경찰서로 가라 했다. 얼마나 큰일인지 짐작도 못한 채 서툰 서울 지리에 겨우 찾아 경찰서로 갔다. 내 사건을 담당하게 된 경찰이 조서를 보이며 설명했다.

내가 했던 입원 수속비 수납서류 중 여러 건의 입원서류에 내 도장만 찍혀 있고 그 돈과 입금처리 근거가 없으니 그 돈이 어디 갔느냐 물었다. 내가 한 게 아니라고 모르는 일이라고 모기만한 소리가 되어 진실을 말해도 소용이 없었다.

순간 아수라장 같은 이곳, 숨이 막힐 듯 정지된 냉엄한 이곳이 너무나 무서웠다. 시키는 대로 해야 할 것 같아 아이처럼 경찰이 가리키는 곳에 지장을, 손도장을 찍고 나와 버렸다. 그건 내가 그 돈을 횡령한 범인이 되는 순간이었다. 알고 보니 바로 위 상관이 부하직원인 내가 퇴근해 비어 있는 동안 책상 서랍에서 담당자인 내 도장을 꺼내서 저지른 행위였다.

학교에서 국어 영어 수학과 정직하게 살아야 한다는 도덕 같은 과목은 가르침을 받아 알았으나 나를 대신하는 이 도장을 얼마만큼 철저히 보관해야 하는지는 몰랐다.

그렇게 나의 대도시 꿈은 물거품이 되어버렸고, 나의 무지를 자책하는 절망의 나날을 보냈다.

밀러는 "인간이 이 세상에서 사는 것은 별이 하늘에서 빛나는 것과 같은 것이다. 별들은 저마다 신에 의해서 규정된 궤도를 따라 서로 만나고 또 헤어져야만 하는 존재다."라고 했다.

규정된 궤도를 따라 빛나는 별들처럼 삶에 순응하고자 했고 '하늘이 무너져도 솟아날 구멍이 있다.'는 말에 용기를 얻었다. 다정함과 그리움과 안타까움이 있는 곳, 고향으로 내려와 취업했다. 그리고 그렇게도 벗어나고자 애를 쓰며 배운 교과목 '부기'로 회계와 세무를 담당하는 회계부서에서 일을 하기 시작했다.

회사의 세무분야 일을 처리하기 위해 관할 세무서 법인세과에 자주 들락거리며 그곳 공무원들의 삶과도 함께했다. 그곳 담당 과장은 혼기에 들어선 나에게 진심 어린 어조로 "여기 총각들 많으니 말만 해라. 중간에서 잘 이루어지게 해주겠다."며 호의를 베풀었다. 따뜻한 관심에 감사했으나 그곳 국세청 소속 공직에 있는 사람들이 하늘처럼 어렵기만 하여 빙긋이 웃을 뿐이었다.

회사 회계업무를 처리하다 보면 또 다른 업무로 다른 과 방문도 해야 한다. 어느 날 조사업무 신고서를 들고 조사과에 방문했다. 그 당시에는 온라인 신고가 없었기에 직접 신고서를 들고 가서 접수를 해야 했다. 조사과의 새로운 직원과 마주했다. 짧은 머리에 학생처럼 풋풋한 남자 직원이었다. 그 직원은 좋은 첫인상만큼이나 자상하게 대해주었고 무리 없이 업무를 처리하고 나왔다. 그리고 다음 신고 기간이 되어 자주 다녀야만 하는 법인세과에 갔다. 회사마다 담당 직원이 정해져 있었다. 그런데 우리 회사의 담당자가 엊그제 갔던 조사과 직원, 그 짧은 머리의 풋풋한 남성으로 바뀌었다. 그는 친근하고 자상하게 신고서를 처리해주었다. 그 후 우리는 업무상 규칙적으로 만났다.

어느 날 그가 "과장님이 '최 양, 최 양' 하는데 나도 최 군이니 우리는 종씨네요. 원래 우리 가문은 촌수가 높아서 아마도 내가 할아버지뻘이 될 것이니 앞으로 할아버지라 불러요."라며 사적인 대화를 건넸다. 나도 질세라 "내가 할머니가 될 것이니 그렇게 부르세요" 하며 사담을 즐기는 사이로 바뀌어 갔다. 그가 나에게 스스럼없이 대하려 노력하는 모습은, 경직되어 있는 나에 대한 배려 같았다. 할아버지 할머니의 모양새를 빌려 어색한 갑과 을의 관계는 빠르게 가까워지기 시작했다. "할머니와 점심을 먹고 싶다."고 짓궂게 웃으며 식사를 함께하기 시작했다. 사람은 밥 정이 최고라고 했던가. 그렇게 가까이 가까이 핑계를 맞춰가며 정이 들었고 남녀 사이로 변해갔다. 할아버지든 최 군이든 나의 하루하루는 즐거운 날들의 연속이었다.

어느 따스한 봄날 저녁, 찻집에 갔다. 그는 찻잔을 앞에 두고 내 눈을 맞추며 늘 품고 있던 마음을 공들여 꺼낸다며 '좋아하노라' 고백했다. 조사과에서 서류 접수를 받은 그때부터였다고 했다. 처음 본 순간 딱 마음에 들어 접수를 마치고 가는 내 뒤를 쫓아 바로 내려갔단다. 그리고 현관 출입자 통제실 출입 기재명부에 있는 내 이름을 찾았다며 나의 이름을 불러주었다.

의욕 없이 그저 살아가는 절망의 시기에 그가 나를 찾기 위해 업무 중 현관 통제실에 갔었다는 고백은 햇살처럼 빛나는 불빛이었다. 그리고 그 어처구니없는 불명예스러운 사건이 이 인연을 만들어 주기 위한 것이었다고 생각하며 그동안 자책하던 나를 스스로 위로했다. 돌부리에 걸려 넘어졌다고 울 일만은 아니었다. 그는 내 삶을 긍정의 에너지로 바꿔주었다.

세상에 낯선 두 남녀가 만나 서로 사랑하는 일은 기적이라고 했다.

그 후 우리가 다니는 길목에도 꽃이 피고 지는 행복한 세월이 흘렀고, 우리는 꿈을 꾸는 듯한 사계절을 함께 보낸 뒤 결혼했다. 그리고 그 기적을 지키기 위해 희망의 불빛처럼 살고자 노력했다.

나에게 선물이 된 그 햇살 같은 기억을 나는 '원더풀 라이프'라 부른다.

라떼는

　남편이 퇴근하더니 앉지도 않고 얼굴엔 홍조를 띤 채 얘기를 한다. 옛날 절친했던 후배 동료한테서 오랜만에 전화가 와 통화를 했단다. 서로 근무지가 달라진 뒤로 소식을 모른 채 강산이 여러 번 변할 세월을 보낸 뒤다. 그 동료는 조세심판소에 근무 중이다. 업무상 남편이 '조세 불복 심판청구' 서류를 그 부서에 냈는데 그것을 검토하다 신청인란에서 세무대리인인 남편 이름을 본 것이다.
　"형님 이름을 보니 너무나 반갑고 눈물 날 것 같은 옛 추억이 떠올라 전화합니다."
　옛 추억을 꺼내며 일도 미룬 채 한참을 얘기했다고 한다. 40년이 지난 일이다.
　우리는 갓 결혼하여 돌쟁이 딸과 대학생 조카, 넷이서 방 두 칸의 자그마한 집에서 살고 있었다. 어느 날 공무원이었던 남편이 퇴근하면서 낯모르는 청년의 손을 잡고 집에 들어섰다. 그 친구에 대해 설명을 한다.

"이 친구 군 제대하고 복직해 우리 과에 첫 출근을 했는데 퇴근해 갈 곳이 없대. 집이 시골이라 우선 숙직실에서 기거한다기에 데리고 왔어."

조카 방을 함께 쓰면 된단다. 그런 결정을 왜 혼자 했느냐, 잘했다, 잘못했다, 이런 의사 표시를 안주인인 내가 사전에 할 수 없었다. 그때는 바로 연락할 통신수단, 집에 개인 전화가 없었다. 집에 와 얼굴을 봐야 소통이 되었다.

나는 그 후 얼마 동안 조촐한 우리의 밥상에 숟가락 하나를 더 얹어서 상을 차리기 시작했다. 기억은 희미하나 낯선 손님 대접이 쉬운 일은 아니었던 것 같다. 살림 초보인 어린 새댁으로 종일 혼자 아기를 돌봐야 하고 아침에는 대학생 조카의 도시락까지 준비해야 했다. 책가방에 국물이 흐를까 봐 조심하고 또 조심하던 새댁 시절에 갑자기 들이닥친 손님을 마냥 환영할 수만은 없는 처지였다.

반면 단순한 교과서형 남자인 남편은 조카가 기거하는 방에 베개 하나만 더 놓으면 되고 우리 먹는 밥상에 숟가락 한 개 더 놓으면 된다는 간단명료한 판단이었을 것이다. 지나고 보니 아련한, 가볍지 않았을 그 날들이 지금 기쁨으로 회상하는 저녁 풍경이 됐다. 지금 그때의 추억을 꺼내 감사했노라 표현해주는 그 사람 덕에 감사하는 삶으로 풍성해졌다. 이런 마음일 줄 알았으면 그때 더 잘해줄 걸 그 생각조차도 유치하지가 않고 뿌듯하고 고맙다.

세월이 지나 그 사람은 공직에서 퇴직했고 다시 우리 아들이 근무하는 회사의 상사로 출근하기 시작했다. 아들이 퇴근해 '이사님'에게 인사를 다녀왔다며 웃는다. 이제 아들이 그 사람의 보살핌을 받을 것 같다.

 수저 하나만 더 놓고 베개 하나만 더 놓으면 가족이 되던 시대. 더불어 살던 그 시절이 우리를 웃게 한다. 우리 때는 다 그랬다.

양문선

msyang50@naver.com

바람의 향기와 구름 소리
삶은 지속적인 작별이다
자연의 중심에 서다
나를 뒤돌아보며
끝없는 고독 속에서
　　－《백년의 고독》을 읽고

누구나 글을 쓴다. 그런데 막상 어떻게 써야 할지 한참을 망설인다. 사람은 첫인상에 각인되듯 첫 문장만큼은 글을 끌고 나갈 힘이 있어야 제구실을 한다. 자기 글을 썼다 해도 글에 대한 확고한 신념이 있어야 타인의 시선에서 자유로울 수 있다. 글을 쓴다는 것은 어렵기도 하지만 무한한 고통이 따른다. 고통의 소리를 표현하는 것이 글이다. 글 속에서 진실한 소리가 여백 위로 내려앉는다.

2019년 《수필과비평》 등단
산들문학회 회원, (사)한국사진작가협회 정회원,
공저 《시간의 정원》, 《어머니의 유일한 노래》, 《함께 가는 낯선 길》

바람의 향기와 구름 소리

 봄바람을 찾아 선자령으로 향했다. 그러나 이곳은 서릿바람에 옷깃을 여민다. 아직도 겨우내 소나기눈으로 덮였던 얼음이 군데군데 널브러져 있다. 두꺼운 옷을 입고 산을 오르내리다 보면 몸에서 열기가 뿜어진다. 옷을 벗으면 소소리바람이 몰아쳐 성크름하다. 계절이 봄이라지만 아직도 봄은 저만치에 있다.

 고목에서 풍기는 냄새, 떨어진 나뭇가지와 함께 섞인 그루터기엔 이끼 냄새가 물씬거리고, 흐르는 시냇물 소리에 섞여 숲속의 향을 만든다. 고요 속에 때 묻지 않은 맑고 신선한 자연의 향기다. 저 밑 산자락에서 불어오는 바람 소리가 구름발처럼 몰려오고 있다.

 흐르는 바람 소리를 들으며 숲길을 거닌다. 숲에는 다양한 나무가 있고, 꽃잎의 형태가 제각각이듯 서로 다른 모양의 나뭇잎이 있다. 숲이 하나의 초록 빛깔로 보이지만, 숲속에는 연두색부터 다양한 초록색의 나뭇잎이 있다. 이렇게 숲은 여러 생물체가 다양성을 갖고 있어 자세히 살펴보지 않으면 놓치기 쉽다. 아까시나무도 숲에서는 잘 보이지 않지만, 향기를 좇아가면 그곳엔 아까시나무가 있다.

북새 바람에도 꿋꿋하게 자란 아까시나무의 꽃을 씹으면 꿀이 절절 흐른다. 이 꽃은 전이나 튀김을 만들기도 하지만, 떡이나 차로 마시기도 한다. 아까시나무와 마찬가지로 라일락도 봄 향기에 딱 어울린다. 라일락 향이 강해 향료의 원료로 쓰기도 하지만 다른 꽃과 향을 조합해 만들어서 쓰기도 한다. 라일락 향을 생각하면 잃어버렸던 고교 시절이 떠오른다.

등굣길에서 우연히 그녀를 보았다. 하얀 칼라의 세일러복은 깨끗하면서 산뜻했다. 마주 보며 걸어오는 그녀가 한눈에 들어왔다. 두 갈래로 땋은 긴 머리는 상큼하면서 세련됐다. 말을 붙여보려 했지만, 등굣길인 게 너무 아쉬웠다. 수업시간 내내 그녀 생각에 빠져버렸다.

애타게 기다렸던 그녀와 마주한 건 한참 지난 후 하굣길에서였다. 마음속에 그렸던 그녀의 모습이 마치 이웃집 여학생을 보듯 낯설지 않았다. 애타게 기다렸지만, 막상 무슨 말을 해야 할지 말문이 막혀 말이 안 나왔다. 어색한 말로 인사를 나누었고 그녀도 나의 대화에 어렵사리 응해주었다. 그녀를 만난 것이 정말 꿈만 같았고 행운이었다. 다행히 얘기도 술술 풀려 재미있고 신바람이 났다. 다음에 만날 날짜와 시간, 장소를 정하고 그녀와 헤어졌다. 그녀는 나의 모든 것처럼 보였다.

그녀와 만나도 학생이 갈 곳은 극히 제한적이었다. 극장은커녕 빵

집도 출입을 못 했다. 그러나 단골 아지트 빵집 안쪽에는 별도의 자리가 있어 그곳에서 그녀를 만날 수 있었다. 가끔 사복으로 갈아입고 영화 구경을 한 적도 있었지만, 지도 교사에게 걸려 도망쳤던 위기의 순간도 있었다. 그 순간이 너무 짜릿했고 재미있었다. 이렇게 만나면 만날수록 우리의 사이는 점점 더 가까워졌다. 나는 그녀를 매일 보고 싶어졌고 헤어지는 것이 정말 싫었다. 그렇지만 그녀의 집에 바래다 주고 돌아설 땐 라일락꽃이 그녀를 대신해 뽀뽀를 해주었다.

사귄 지 얼마 지나지 않아 대입 준비로 난관에 봉착했다. 그녀와 나는 대학에 가서 만나자고 약속했다. 가능하면 같은 대학에 가자고 했다. 헤어지는 것이 너무 아쉬웠지만 나도 입시 준비를 해야 했다. 우리의 미래를 위해 만남을 잠시 멈추고 다시 공부를 시작했다.

그러나 그녀가 보고 싶을 땐 담벼락 사이를 몇 번이나 서성거린 적이 있었다. 되돌아설 때마다 그녀는 바람결에 라일락 향기를 타고 내게 돌아왔다. 해가 가고 봄이 찾아왔건만 기다렸던 그녀는 보이질 않았다. 담벼락 너머에서 풍기는 라일락 향기가 내 옷을 흠뻑 적셔 놓고는, 그녀는 나도 모르게 내 곁을 떠나 아주 먼 곳으로 가버렸다.

이제는 잃어버린 추억의 한 페이지지만 그때를 생각하면 아직도 가슴 한구석이 뭉클하다. 이름도 잊은 지 오래됐건만, 라일락 향기는 그때나 지금이나 변함없이 향기롭다. 그녀를 만나 철없던 풋사랑은 행복한 향기의 씨앗을 만들었고, 추억 속의 삶은 행복한 향기의 열매를 만들었다.

가는 바람에도 하얀 구름이 솟아 상투가 국수버섯 솟은 듯하고, 어디선가 풍경 소리가 잔잔한 바람결 따라 들린다. 그 소리는 힘들게 올라온 내 육신을 마사지한다. 흘러가는 바람 따라 소리 나는 곳으로 한 걸음씩 발걸음을 옮겨 본다. 사찰의 처마에서 울리는 풍경 소리는 오랜 명상 속에 길든 스님의 목탁 소리가 내는 울림일 듯싶다. 이따금씩 울리는 소리는 들으면 들을수록 저절로 귀가 맑아지고 움츠렸던 마음도 편안해진다.

낭랑한 풍경 소리는 고요 속에서 묻어 내는 소리지만, 바람의 향기와 구름 소리는 그녀와 함께했던 어릴 적 아련한 추억의 울림이다.

삶은 지속적인 작별이다

　숲속에 누워 숨을 깊게 들이켜 맛을 느껴보라. 그동안 못 느꼈던 향기와 내음이 느껴지는 걸 알게 된다. 같은 숨이라도 젊을 때 마셨던 숨하고 어른이 돼서 마셨던 숨이 다르다는 걸 시간이 가면서 느끼게 된다. 왜 그럴까?

　나는 가끔 산에 올라 숲속에 들어서면 단전에 힘을 가다듬고 깊게 숨을 마신다. 그러면 도시에서 못 느낀 상쾌함과 맑고 신선한 공기를 숲속에서만 느낄 수 있다는 것을 새삼 알게 된다. 무심히 지나쳐 버린 나무 향기도 땅바닥에서 자라는 풀 내음도 자연이 주는 맑고 신선함 때문이다. 이렇듯 젊어서 못 느낀 풀 향기와 내음이 왜 이제야 느껴지는 걸까?

　인간은 흙에서 왔다가 흙으로 돌아간다. 어쩌면 인간은 세상의 이치를 깨닫게 될 때쯤에는 삶의 영욕을 버리게 되고 죽음에 이른다. 죽음으로 비로소 성인의 반열에 오르게 되고 자연 속으로 회귀(回歸)하는 순례자가 될 것이다. 이 얼마나 슬기롭고 아름다운 행보인가.

자연이 있기에 물도 마시고 먹을 깃도 얻게 되고, 맑은 공기와 쾌적한 환경도 거저 얻을 수 있다. 이렇게 자연은 언제나 우리에게 좋은 안식처이면서 따뜻한 보금자리다. 그래서 인간은 자연과 함께 영원토록 생존하게 된다.

우리는 자연이 주는 온갖 혜택을 누리며 살지만, 요즘은 그 소중함을 망각하고 산다. 이제는 너무나 많은 자연 생태를 파괴해 우리의 생명마저 위협받을 처지에 놓였다. 아마 이상기후는 자연이 주는 마지막 경고일 것이다.

지금까지 인간은 자연이 다소 피폐해질지라도 생활이 편안하고 안락함 위해 무시해 버렸다고 해도 과언은 아니다. 게다가 과거에는 누리지 못한 삶을 의술로써 생명 연장을 시도하고 있다. 날로 발전하는 의술로 끊임없이 수명 연장을 시도하고 있으나, 자연환경은 파괴되고 기후변화가 또 다른 질병으로 인류에게 엄습해오지 않을까 심히 걱정된다.

수명의 연장이 더 나은 삶을 보장받을 수 있는 것은 아니다. 수명이 길어질수록 더 많아지는 어려움과 고민은 젊은이들의 양어깨의 짐일 수밖에 없다. 노인 봉양과 자식의 뒷바라지 등 해야 할 일이 넘치게 되니 수명이 길어진다고 좋아할 일이 아니다. 수명이 길어진다고 흰머리가 안 생기거나 덜 생길지 않을 것이고, 가물가물해지는 기억이 되살아날 수 없지 않겠는가. 수명이 늘어나는 것이 더 나은 삶과는 비례하지 않는다.

가끔 '나이는 숫자에 불과하다'고 말한다. 나이에 비교해 아직은 자신이 젊다는 것을 말함이다. 다시 젊음을 되찾아오기는 힘들어도 젊은 마음으로 살고 싶다는 바람일 것이다. 나이 들어 정신적인 건강을 유지하고 총명함을 계속 유지한다면 그것만큼 좋은 것이 없다.

그러나 예순이 넘어서면 자녀의 출가 문제와 앞으로 남은 시간을 살아가기 위한 경제적인 문제가 따라온다. 마치 차가운 바람이 내 몸을 감싸고 시꺼먼 먹구름이 엄습해 오는 느낌이다. 그러나 늙는다는 것을 좌시하고 준비에 소홀하면 나중에 더 큰 낭패를 볼 수 있다. 인생의 끝자락에서 원치 않은 긴 수명이 내 앞에 올 수도 있기 때문이다. 그래서 우리는 최종적인 끝맺음 이전에, 가족의 기쁨과 사랑을 지속하기 위해 무엇을 해야 하는지 다시 한번 생각하게 한다.

나는 남은 인생을 어떻게 살아갈까 생각해 보았다. 그동안 경험하지 못한 창조적이면서 역동적인 것을 하고 싶었다. 젊었을 때는 하고 싶어도 할 수 없었던 일들을 이제는 내 건강이 허락하는 한 마음 내키는 대로 해보고 싶다. 새로운 것을 찾는 것이 아니라 전에 하고 싶었던 것을 하나씩 찾아가는 것이다.

내가 바라는 것은 젊음을 오래 유지하려는 것뿐만 아니라 노년기를 지혜롭게 대처하여 삶의 가치를 높이려는 것이다. 나이 든 나 자신과 잘 교감하여 친밀도를 높여 슬기롭게 시간을 보내려 한다.

가정 안에서는 사랑과 기쁨이 넘치고, 서로를 믿고 의지하게 되면 더는 바랄 게 없다. 서로의 신뢰는 죽어가는 삶도 새로운 삶으로 바꿀 수 있다. 나는 힘들게 달려온 내 인생의 수많았던 장을 하나씩 접고 새롭게 선순환을 찾아가기 위해 노력해야 한다. 그러나 그런 삶도 결국에는 작별을 고할 수밖에 없다.

알 수 없는 저세상의 삶이 서서히 다가오고 있음을 안다. 가까이 다가올수록 영혼을 감동케 해, 빛을 비추게 하고, 기쁨과 행복으로 눈물을 흘릴 것이다. 일몰의 순간을 비애로 느끼는 순간, 마음을 기쁨으로 전율케 하는 새로운 변화를 맞게 한다. 버리는 삶과 채우는 삶은 어느 과정에도 있겠지만, 새것을 탄생시키고 죽음으로 사라지게 하는 걸 우리는 할 수가 없다. 우리도 저세상에서는 새로운 삶을 찾게 될 것이다.

이 모든 것은 깊은 묵상 통해 새로운 세상에 알리고, 다가올 자신의 미래를 점쳐보는 표징(標徵)이 될 것이다.

자연의 중심에 서다

 젊은 시절, 삶이 힘들 때면 가끔 동대문 새벽 시장을 찾았다. 밤마다 지방 상인들은 이곳에서 다양하고 질 좋은 물건을 고른다. 새벽 두 시가 지났는데도 대낮같이 휘황찬란하다. 한쪽에선 물건을 팔기 위해 손바닥을 치면서 목이 터져라, 외친다. 물건을 뒤적거리며 흥정하기도 하고, 실랑이를 벌일 때도 있지만, 모두가 다양한 상술로 고객을 잡는다.

 손님을 부르는 호객꾼과 무거운 짐을 나르는 지게꾼, 이곳저곳을 기웃거리는 상인들, 좁은 길가에서 포장마차를 하는 아줌마들, 밤이지만 활기가 넘치고 생기가 넘쳐난다. 우리가 잠자는 이 시각 동대문 시장은 발 디딜 틈이 없다. 진한 삶의 현장이다. 이곳에서 나는 완전히 이방인이 되었지만, 아귀다툼하는 시장터에서 생의 열기를 체험했다. 이렇게 사는 게 진정한 삶인 것을….

 어느덧 수년의 세월이 지나, 이제는 모든 것이 과거가 되었다. 그 과거가 생동감이 넘치는 삶이었다면, 지금은 코로나가 나의 시간을 멋게 해, 내일이 없는 삶이 돼비렸다.

떠도는 구름처럼 마음의 시간이 덧없이 흘러간다. 무엇이라도 잡고 싶지만 어쩔 수 없다. 무료한 삶을 달래기 위해 산을 찾았다. 땀을 뻘뻘 흘리며 오를 때는 기분이 상쾌했다.

산 정상에 서면 내 발밑에 산들의 파노라마가 펼쳐진다. 올망졸망한 조그만 산이 한데 모여 어깨동무를 하고 강강술래를 한다. 산은 계절마다 색다른 아름다움을 주지만, 끈기와 도전을 요구한다. 그러나 바다는 늘 그림자처럼 웅크리고 있던 내 아픔을 파도 소리에 실려 보내는 것 같아 후련하다. 이것이 우리에게 주는 자연의 혜택이 아닌가.

쌀쌀한 초겨울 이른 새벽, 선자령으로 가기 위해 옛 대관령 휴게소를 찾았다. 동해에서 불어오는 북동풍이 내 볼을 따갑게 후려친다. 준비한 털모자를 꺼냈다. 어제까지는 따스한 봄날이었지만, 오늘은 눈도 뜨기 힘든 매서운 바람이 분다. 갑자기 추워진 탓인지 산행하는 사람이 보이지 않았다. 나는 잠시 망설였지만 마음먹은 대로 산행하기로 했다.

선자령 등산로에 들어섰다. 밤새 매서운 추위를 맨몸으로 이겨낸 나무와 풀잎들이 대견스러웠다. 자연이 밤새도록 바람을 불어넣어 나뭇가지마다 예쁜 문양의 얼음조각을 만들어 나를 유혹한다. 이 얼마나 끈질긴 자연과 나무의 인연인가. 삭풍(朔風)도 나를 감싸 안고, 추위를 이겨줄 것만 같았다.

몰아치는 바람 소리가 귓전을 때렸지만, 고요 속에 묻혀버리니 산 전체가 내 것이다. 옮기는 걸음마다 낙엽에 발자취를 남겼다. 낙엽 밟는 소리가 선명하게 들렸고 그 소리는 산울림으로 돌아왔다. 돌아오는 산울림이 멧돼지를 부르지 않을까 걱정이 되었다. 혼자서 하는 산행이라 돌아갈까 망설이기도 했다.

그것도 잠시. 낙엽이 나를 가볍게 들어 올리는 것 같았고, 땅 기운이 나를 밀고 가는 것을 느꼈다. 마치 산의 정령(精靈)이 나를 끌고 가는 것 같았다. 정신을 차리고 주위를 살펴보았다. 고요 속에 적막뿐이었고 나는 그 속에 묻혀버렸다.

산 속에 묻혀버린 나는 자연 속으로 한없이 빨려들어 갔다. 내 몸에 산의 정기(精氣)가 스며들었는지 선자령 숲속이 새롭게 다가왔다. 산에 오를 때 보이지 않던 나무와 풀잎들이 새들과 서로 조화를 이루고 있었고 서로 교감을 하는 것 같은 긴밀감을 느꼈다. 나는 자연이 주는 영혼에 감응되어 걷고 또 걸었다.

곧게 뻗은 전나무 숲이 나타났다. 숲은 나무는 물론 땅바닥에도 이끼로 덮여 있었다. 숲속에서 풍기는 은은한 향은 몇 번의 심호흡만으로도 모든 병을 낫게 해 줄 것 같았다. 자연이 준 고마움이다. 개울가 습지에서는 종종 보았지만, 이끼로 덮인 전나무 숲은 처음이다.

숲속 풍광이 너무 좋아 주변을 둘러보았다. 그런데 여러 곳에서 전나무의 뿌리가 송두리째 드러나 있고, 더 충격적인 것은 뿌리와 함께

밑동까지 잘린 그루터기가 곳곳에 널브러져 있었다. 차라리 길을 만들었다면 이런 처참한 광경은 볼 수 없었을 것을. 산행한 사람들의 소행이 아닐까 싶어 그들이 원망스러웠다. 산행하는 내내 안타까움을 지울 수 없었다.

소로우는 《월든》에서 "숲속에 들어와 숲 이외의 것을 생각할 바에야 무엇 하러 숲속에 들어오느냐."며 "내가 만일 산책길에 동반자가 있다면 나는 자연과 하나가 되어 교감하는 어떤 긴밀감을 포기할 것이다. 왜냐하면, 사람들과 어울리는 것은 자연으로부터 멀어짐을 뜻하기 때문이다."라고 말했다.

지금 우리는 공해와 기후변화의 위기에 직면해 있다. 어떻게 해서든 자연을 복원해야 하는 절체절명에 처해 있다. 자연의 고마움을 새롭게 인식하고 자연을 어떻게 보존할 것인가가 당면한 과제다. 나는 '소로우'처럼 자연이 주는 배려와 혜택을 느끼고, 자연의 순리를 익히고 싶다.

나를 뒤돌아보며

 10월의 마지막 밤이 저물어 간다. 시월은 징검다리조차 밟지 않고 그냥 지나가 버렸다. 잡고 싶어도 내 손이 뻗치지 못해 어쩔 수 없이 보내야 했다. 시월의 마지막 하루를 보낸다는 것이 너무나 절실하고 안타깝다.
 시월의 마지막 날 나는 김신일의 '시월의 마지막 밤에'를 틀어놓고 노래를 불러 쓸쓸함을 달랜다. 다음은 '시월의 마지막 밤에'의 가사이다.

 난 오늘같이 아름다운 달이 뜨면 언제나 우리 처음 만난 날
 그대가 눈부시던 그 시월의 마지막 밤이 생각나
 그 사랑의 달콤했던 KISS가
 내 가슴에 이렇게 지금도 느껴지는 것 같아
 난 오늘같이 아름다운 달이 뜨면 언제나
 시간이 흘러 우리 변한다 해도 너무 슬퍼하지 말아 그대여
 그 아름다웠던 우리 사랑의 노래가 내 귓가엔 아직도 흘러

난 오늘같이 아름다운 달이 뜨면 인제나 우리 처음 만난 널
그대가 눈부시던 그 시월의 그 마지막 밤이 생각나

  시간이 흘러가는 것이 서글퍼지는 계절이다. 시월의 마지막을 생각하며, 옛 생각에 젖는다. 그 당시 잊었던 기억을 글로 남기고 싶다. 글은 잊었던 추억을 되살려 주는 마술과도 같다. 가을처럼 글쓰기 좋은 계절이 있으랴.
  글을 쓴다는 그 자체만으로도 사람을 보는 눈이 달라진다. 내가 글을 쓰고 동인지를 출간하니, 나를 보는 주변 사람들의 시선이 조금 달라졌다. 많은 사람이 책을 읽고 글을 쓴다면 지금보다 더 나은 세상이 될 것이다. 글을 쓰고 싶다는 마음은 항상 갖고 있지만, 바빠 돌아가는 생활로 인해 마음먹은 대로 안 되는 것이 현실이다.
  나는 두 개의 삶을 살고 있다. 하나는 회사에 다니는 삶이고, 또 하나는 사적인 삶이다. 나는 공적인 생활을 제외한 시간엔 글을 쓰기로 했다. 그전에는 농구와 골프를 비롯하여 운동은 무엇이든지 좋아했다. 또 당구나 바둑 등 잡기도 좋아했다. 혼자 하는 것보다 둘 이상 여럿이 하는 게 재미있다. 여럿이 함께하게 되면 다양한 의견을 들을 수 있고 나눔을 즐길 좋은 기회가 된다.
  그러나 어느 순간부터 내 몸이 달라지기 시작했다. 이젠 '내 인생은 어떤 길을 갈 것인가?'라는 의구심이 머릿속을 맴돌았다. 앞으로 내

인생의 좌표를 어떻게 정해야 하나가 고민거리였다.

  나는 글쓰기를 전혀 해 본 적이 없었으나, 지인의 권유로 시작했다. 글공부를 전혀 해 보지 못한 나로서는 시키는 대로 할 수밖에 없었다. 중·고등학교 때 국어 교육은 제대로 받았다고 생각했는데 막상 글을 쓰려 하니 여간 힘든 게 아니었다. 옆에 있는 사람이 글을 쓰고 발표를 하는 게 부러웠다. 글을 쉽고 매끄럽게 쓴 것 같았고, 낱말 하나하나가 나로서는 도저히 이룰 수 없는 담벼락이었다. 어떻게 하면 잘할 수 있을까? 고민도 많이 했다.

  많은 취미 중에 왜 글을 택했을까? 글쓰기에는 어떤 즐거움이 있을까? 글을 쓰면서 그런 의구심이 하나씩 풀려나갔다. 글을 쓰면 쓸수록 나를 비롯한 주변이 달리 보였다. 그리고 상대의 입장을 조금씩 이해하게 되었다. 말로만 하는 대화보다는 글을 써서 편지를 보내면 더 깊이 이해받고 감동한다는 것도 알게 되었다. 이것은 글이 주는 힘이다.

  글을 쓰는 순간은 세상을 인식하는 객체에서 사유라는 주체의 세계 안으로 스며드는 시간이다. 글쓰기에 내재되어 있던 에너지가 내 몸을 감싸듯 무서운 힘으로 다가온다. 내 몸속에서 만들어진 '아우라'가 세상을 집어삼킬 듯 커져만 간다. 글을 쓰는 순간 커졌던 꿈의 세계는 글 쓴 후에도 잔영이 남는다. 글 쓰는 순간마다 떠오르는 상상은 나의 존재 속에 그대로 잠재하고 있다.

〈나를 뒤돌아보며〉라는 제목은 글쓰기 전에 미리 선정한 것이다. 뒤돌아본다는 의미는 '나'를 다시 찾는다는 의미다. 나를 찾는다는 것은 본능이자 글쓰기의 목적이다. 먼저 자신을 알아야 '자신을 바꾸고 세상을 바꾼다'는 의미다. 스티브 잡스는 자기의 발견을 통해 세상을 바꾼 인물로 추대 받고 있다. 소크라테스의 "너 자신을 알라."라는 말은 시대를 뛰어넘어 언제나 큰 울림을 준다. 설령 자신을 발견하지 못한다 하더라도 자신의 목소리를 들어 볼 수 있다는 것만으로도 깊은 의미가 있다.

집 앞 놀이터엔 어느새 단풍이 들었다. 은행나무는 노란 잎사귀를 마구 쏟아 내고, 한 아름의 낙엽은 바람 따라 이리저리 휘날린다. 모든 사물이 계절의 변화에 따라 흘러간다. 나의 글쓰기가 내 삶에 변화를 가져왔으며, 우리 집에도 행복을 가져왔다. 이런 이유로 나의 글쓰기는 계속될 것이다.

끝없는 고독 속에서
-《백 년의 고독》을 읽고

  '가브리엘 기르시아 마르케스'는 콜롬비아의 소설가로 1967년 《백 년의 고독》을 발표했다. 중남미 문학의 마술적 사실주의를 구현하여 대중적으로나 비평적으로도 최고의 명작으로 꼽혔다. 그 공로가 인정되어 노벨문학상을 받았다. 세계적으로 5,000만 부라는 판매량을 기록하였다. 미국 42대 대통령 '빌 클린턴'은 《백 년의 고독》이 '윌리엄 포크너' 사후의 소설 중에 가장 뛰어난 작품이라고 극찬했다. 그는 23년 동안 이 글을 쓰기 위해 고심을 했고 18개월 동안 집필을 하면서 세계적인 작품을 만들어 냈다.

  '마르케스'는 콜롬비아의 좌파 게릴라 단체를 지원했다는 혐의로 멕시코로 망명해 82년 노벨문학상을 수상할 때까지 고국에 돌아오지 못했다. 다른 라틴아메리카 작가들처럼 중남미의 왜곡된 정치와 사회, 역사에 관심이 많았던 작가였다. 스페인 식민지 지배 및 제국주의 열강들의 침탈을 신랄하게 고발하였다. 미국을 뒷배경으로 독재자들의 강압 통치로 인해 라틴아메리카 민중이 고통받고 있음을, 이

책을 통해 온 세계에 호소하였다.

《백 년의 고독》은 남미 특유의 신화적 요소를 가미해 '마콘도'라는 도시를 만들었고 '아우렐리아노 부엔디아' 가문의 흥망성쇠를 다루었다. 총 20장으로 만들어진 작품은 17명의 인물이 등장한다. 각각의 인물은 독특한 캐릭터를 갖고 있지만 '아르카디오', '아우렐리아노', '레메디오스', '우르슬라'의 이름들이 반복적으로 사용되어 독자를 헷갈리게 한다. 그러나 '부엔디아 집안의 가계도'를 보면 어떤 인물이 어떻게 엮였는지를 확실히 알 수가 있다. 특이한 점은 조상으로 부여받은 각각의 이름들이 비슷한 역경을 가지고 살게 된다는 것이다.

대작의 첫 문장은 이렇게 시작된다.

"많은 세월이 지난 뒤, 총살형 집행 대원들 앞에 선 '아우렐리아노 부엔디아' 대령은 오래전 어느 오후에 아버지를 따라 얼음을 찾아 나섰던 일이 생각난다."

첫 문장은 이 작품 전체를 이해하게 하는 열쇠가 된다. 어떤 작품이나 시작은 결말의 의미를 말해주고, 결말은 시작 속에 내재되어 있다.

'우르슬라'는 '멜키아데스'가 실수로 제2 산화수은이 담긴 병을 깨뜨린 순간 방에 들어섰기 때문에, 그의 방문에 대해 별로 좋게 생각하지 않았다. "그 냄새, 정말 '악마의 냄새'처럼 고약했어요." 우르슬라가 말했다. "아닙니다." 멜키아데스가 대꾸했다. "지옥의 악마한테서는 유황 냄새가 나는데, 그날 부인이 맡은 냄새는 거기에 비하면 퍽 고상했죠." 언제나 아는 것이 많아서 말이 막히지 않는 그는 서슴지 않고 고약한 진사(辰砂) 냄새 얘기를 둘러댔지만, 우르슬라는 귀도 기울이지 않고 아이들을 재우러 가버렸다.

마콘도의 탄생과 부엔디아 가문의 시작이다. 마콘도를 세우는 과정이나 가문의 시작 과정이 너무 모호하고 시간의 개념이 전혀 없다. 구체성이 없어 독자가 이해하기에 어려움이 있지만, 마술적 사실주의를 생각하면 작가의 의도가 확실히 드러난다. 새들만 지저귀고 주민이 함께하는 평온한 마콘도는 '멜키아데스'와 집시들이 현대 문명을 가지고 들어온다. 그전까지만 해도 마콘도는 원시문명처럼 살고 있었다.

'우르슬라'는 '멜키아데스'를 처음 만나자마자 "악마의 냄새"를 맡게 된다. 그 냄새는 외래 문명이 가져올 폐해를 우르슬라는 직감적으로 느끼게 된다.

'우르슬라'와 '호세 아르카디오 부엔디아'가 결혼하겠다는 뜻을 밝혔을 때는 친척들이 발 벗고 나서서 말리려고 했다. 몇 세기 동안 얽히고설킨 양쪽 집안에서 가장 훌륭한 두 젊은이가 결혼하게 된다면, 부끄럽게도 이구아나 도마뱀이라도 낳을까 봐 그것이 두려웠다. 그런 전례는 이미 있었다. 우르슬라의 숙모와 호세 아르카디오 부엔디아의 삼촌이 결혼해서 낳은 아들은 평생 헐겁고 통이 넓은 바지만 입은 채, 동정을 지키면서 22년을 살다가 아깝게도 출혈로 죽었다. 그것은 용수철처럼 꼬여 있고 끝에 털이 한 줌 난 물렁뼈로 된 꼬리가 그의 몸에 나 있었기 때문이었다.

'호세 아르카디아 부엔디아'와 '우르슬라'의 근친 간의 결합은 부엔디엔 가문은 조상이 저질러진 죄악이었고 '돼지 꼬리 달린 아이'를 낳을 거란 암시를 한다. 근친결혼으로 가문의 심리적 압박과 고통 속에서 평생을 보내지만, 끝내 근친 간의 결합으로 부엔디엔 가족은 멸망에 이르게 된다.

'아우렐리아노 부엔디아' 대령은 그에게 수여한 무공 훈장을 거절했다. 그는 혁명군 총사령관에 올라서 전국을 지배하여 통솔하게 되었고, 정부가 가장 두려워하는 인물로 손꼽힐 정도로 위세가 당당했지만, 결코 남들이 자기 자신을 찍게 내버려 두지 않았다. 전쟁이 끝난 다음에도 나라에서 준다고 하는 연금조차 그는 거절했으며, 늙은 다음에도 마콘도에 있는 은세공 작업실에서 스스로 만든 자그마한 황금 붕어 장식을 팔아 먹고살았다.

'아우렐리아노 부엔디아' 대령은 전반부에는 가장 유명한 인물로 이 소설의 실질적 주인공이다. 어린 나이에 그는 예언하는 초능력을 지닌 인물이었다. 몸을 파는 소녀를 만나 이성에 눈을 뜨게 되고, 마콘도의 시장인 9살짜리 막내딸과 초경을 시작하자 결혼한다. 시장이 면서 장인이 불법 선거를 하는 것에 반발해 반정부 활동에 가담한다. 수많은 싸움을 벌이다. 결국 보수파에게 일방적으로 항복을 하며 마콘도의 파멸에 한몫한다. 세월이 흐르는 동안 혁명의 이상이 퇴색돼 자존심을 지키기 위한 부질없는 투쟁으로 전락하고 만다.

> 총탄이 휩쓸고 가자 앞에 있던 사람은 대부분 땅에 엎어져 있었다. 살아난 사람은 땅바닥에 엎드리는 대신에 자꾸만 작은 광장으로 달아나려 했다. 겁에 질린 사람들이 용의 꼬리처럼 한데 엉켜서 물결을 이루고, 한쪽에서 달려오면 반대쪽에서도 또 다른 무리가 용의 꼬리처럼 달려 나와서 얽혔다. 방향을 어느 쪽으로 돌려도 그곳에서는 기관총이 기다리고 있다가 쉬지 않고 불을 뿜어댔다. (중략)
> 세군도는 자기가 살아 있다는 것을 그 여자에게서 확인하려는 듯 자기 이름을 한마디씩 끊어서 또박또박 말했다. 아닌게 아니라 그 여자는 너저분하고 음산한 몰골의 사내가 머리와 옷은 피투성이요, 얼굴에는 죽음을 담고서 들어서자 당연히 그를 유령이라고 생각했으므로, 그가 자기 이름을 일러준 것은 잘한 일이었다.

'아우렐리아노 세군도'와 '호세 아르카디오 세군도'는 구별할 수 없을 정도로 닮은 쌍둥이다. 너무 닮아서 이름을 서로 바꿔서 부르기도 하고, 각자의 삶도 번갈아 가며 살아간다.

호세 아르카디오 세군도는 제국주의자들의 감독관 노릇을 하다가 노무자들의 처우 개선을 요구하는 시위 주동자가 된다. 첫째 시위는 성공적이었지만, 노무자의 숙소의 비위생과 의료서비스, 그리고 열악한 작업조건에 대한 이의를 제시한다. 그러나 회사와 마콘도 당국 그리고 상급 재판관은 노무자의 조건을 무시한다.

금요일 오후가 되어 마콘도의 광장은 살육의 도가니로 변한다. 삼천 명이 희생당했음에도 정부에서는 아무 일도 없었다는 듯 조용했다. 바나나 농장의 학살 사건은 단순한 한 지역의 비극이 아니라 콜롬비아 전역에서 벌어지는 사회주의 변혁 운동의 시발이었다. 그러나 모두가 실패의 역사를 맛본다.

겨우 살아온 호세 아르카디오 세군도는 멜키아데스의 '수수께끼 예언이 담긴 양피지'를 끝내 해독하지 못하고 죽는다. 죽는 순간 아우렐리아노에게 자신이 겪었던 집단학살을 잊지 말라는 예언을 한다.

마콘도의 상처를 씻는 데 비록 오랜 시간은 걸리겠지만 시간이 흐르면서 상처는 아물게 되고 핏빛 기억은 점차 잊게 된다. 그러나 시간은 사건 자체의 문제보다 사건 속에 내재된 원인과 결과를 분석할 필요가 있음을 상기시킨다.

새들도 잊어버렸고, 먼지와 무더위만이 숨이 막히도록 가득 찬 마콘도에서, 사랑의 고독과 고독한 사랑에 격리된 채, 불개미들이 들끓어서 잠도 잘 수 없는 집에 갇혀 있으면서도 '아우렐리아노'와 '아마란타 우르슬라'는 행복을 누렸고, 그들만이 이 세상에서 행복한 사람들이었다. (중략)

눈물이 글썽글썽한 눈으로 아마란타 우르슬라는 자기가 낳은 아들이, 부엔디아 집안의 훌륭한 아들처럼, 호세 아르카디아의 튼튼한 생명력과, 아우렐리아노처럼 큼직하고 투시력 있는 눈을 가진, 새로운 종족을 처음부터 다시 번식해서 집안을 일으켜 세워 지난날의 죄악과 외로움을 모두 씻어 버릴 수 있을, 지난 100년 동안에 처음으로 완전한 사랑만으로 빚어져 태어난 아이를 쳐다보았다.

마지막 중심인물로 '아우렐리아노 바빌로니아'이다. 밤에 침대에서 부둥켜안고 있는 동안에는, 그들은 개미들이 내는 폭발적인 소리나, 좀벌레들이 몰려다니는 소리나, 옆방에서 자라는 잡초들이 내는 맑은 사그락거리는 소리가 계속되어도 별로 무서운 줄 몰랐다. 아우렐리아노는 열악한 환경 속에서도 집안에 대를 이어가게 하려고 창조의 원칙과 싸움을 벌이는 우르슬라를 보았다.

마지막 부분은 '아우렐리아노'가 수행하려는 행위는 두 가지였다. 멜키아데스가 만들어 놓는 양피지의 해석과 '우르슬라'와의 사랑이다. 이 세상에서 가장 행복한 존재가 된 이들의 결실은 돼지 꼬리를 달고 출산하지만, 그들은 별로 놀라지 않는다.

작가 가브리엘 가르시아 마르께스는 등장하는 인물을 그리스 신화에서 많이 가져온 듯하다. 작가는 라틴아메리카 특유의 구술 문화의 전통을 살렸다. 근친상간의 행위가 이루어진 리오아차 지역은 성서 창세의 신화를 패러디한 것 같고, 그곳을 떠나 마콘도로 이주하는 것은 마치 모세 5경의 축소판과 같다. 환상과 상상이 어우러진 《백 년의 고독》을 읽으면서 가르시아 마르께스는 이 시대의 진정한 이야기꾼이라는 생각이 든다. 삶이 심심하다고 생각하는 분들에게 일독을 권한다.

이문숙

mslee5753@hanmail.net

탄식
숟가락 하나 더 놓기
할아버지의 한약방
발목에 그린 세계지도
그 남자 그 여자

어색한 표정으로 여행작가반에 발을 들여놓던 날이 엊그제 같은데 벌써 5년이다. 서먹서먹하던 문우들도 더없이 친근하고 편하게 마음을 나누는 사이가 되었다.
수필가로 등단도 했다. 그리고 어느새 네 번째 동인지에 함께하게 되었다. 시작하지 않았으면 꿈도 꾸지 않았을 일들이다. 시작이 꿈을 꾸게 했고 꿈을 만들어가게 했다. 이 꿈에서 깨지 않길 바라며 한 줄 한 줄 내 삶의 시간을 어루만진다.

2020년《현대수필》등단
산들문학회 회원
공저《시간의 정원》,《어머니의 유일한 노래》,《함께 가는 낯선 길》

탄식

 남편은 내가 종종 내뱉는 '아이구, 애고' 하는 소리에 예민하게 반응한다. 예전 장례식 때 상주들이 내던 곡소리를 연상시킨단다. 심지어 '누가 죽기라도 했냐'며 발끈 화를 내기도 한다.
 탄식은 '근심이나 원망 따위로 한탄하여 숨을 내쉬다.'라는 뜻이다. 이는 가슴에 가득 채워진 감정의 응어리를 쏟아내고 마음의 균형을 잡으려는 다분히 생리적인 현상이다. 가슴 깊은 곳에서 숨을 몰아 한꺼번에 길게 내쉬면 답답하던 속이 뻥 뚫린 듯 제법 시원하다. 그 속에는 미움, 답답함, 괴로움, 슬픔, 고통, 안타까움 등 여러 가지 색깔의 감정들이 한데 섞여 터져 나온다. 그리고 비워진 가슴은 잠시 휴식을 취한다. '가슴 멍'의 시간인 셈이다.
 하루 종일 끊임없이 뇌를 통해 무언가를 해야 하는 현대인들에게 '멍 때리기'는 뇌에게 절실한 휴식 시간이다. 뇌를 쉬게 하여 생각을 정화하고 다듬어야 새로운 아이디어를 찾아낼 수 있는 힘이 생기는 것이다. 심지어 TV에서도 10여 분씩 물소리나 바람 소리를 들려주거나 붉타는 장작불을 보여주며 불멍, 불멍이라고 이름 붙여 사람들의 머리를 쉬게 하는 영상을 내보낸다.

사는 것이 복잡하다 보니 가슴에 쌓이는 정서적인 응어리도 복잡해져서 가슴의 멍 때리기 또한 절실해졌다. 스트레스라고 표현되는 부정적인 감정들을 무겁게 안은 채 살아가기는 힘들기 때문이다.

가슴 멍의 가장 간단하고 쉬운 것이 한숨이나 탄식이 아닐까?

할머니는 동네에서 누가 세상을 떠나면 상가 상청에 앉아 길고 길게 곡을 하셨다. 동네 사람들의 사는 사정을 손금 보듯 알고 계셨던 할머니였다. 할머니의 곡소리에는 돌아간 이의 살아생전 애환이 넝쿨처럼 엉켜 흘렀다. 담담한 표정으로 나지막하게 뽑아 올리는 할머니의 호곡은 상주들의 슬픔을 함께 나누고 위로했다. 또한 할머니의 단단히 맺힌 한을 올올이 풀어내는 시간이기도 했을 것이다.

열여섯 어린 나이에 백말띠는 백말띠를 만나야 한다는 어른들의 의견에 동갑인 할아버지와 혼인하여 평생을 사신 할머니. 제법 산다는 집안의 법도는 매서웠고 남편은 동네 호랑이였다. 4대 봉사로 여덟 분의 제사 모시기는 기본이고, 슬하의 육남매와 농사일을 돕는 두세 명 일꾼들 밥상 차리는 일만으로도 허리가 휘었다. 할아버지는 당신의 말씀이 곧 집안의 법이어서 누구도 거역하지 못했다. 그 속에서 할머니는 속상한 일, 힘든 일을 혼자 삭여야 했지만 삭일 시간조차 허락되지 않았다. 그런 할머니는 '애고 애고' 하는 호곡으로 돌아간이의 영혼을 달래며 당신의 응어리를 지워 보냈다.

 이집트에서 노예살이 하던 유대인들은 그들을 선택한 신에게 자신들이 겪는 고난에서 벗어나게 해 달라고 애원하고 탄식하였다. 이들의 탄식은 하늘에 닿아 신의 마음을 움직였고 드디어 노예살이를 벗어나게 된다. 바라고 바라던 노예살이를 벗어났지만 이들의 탄식은 그치지 않았다. 고난을 겪을 때마다 신을 향해 원망과 불평을 토했다. 결국 그들은 신의 심기를 불편하게 하여 약속의 땅에 이르지 못하고 광야의 객이 되고 만다.

 사람만 탄식을 할까? 사도 바오로는 사람은 물론이고 모든 피조물, 심지어 신까지도 탄식한다고 했다. 녹록지 않은 삶을 살아내야 하는 모든 피조물은 때때로 탄식하며 혹여 흐트러질 수 있는 삶의 여정을 중심 잡는 것이다.

 신은 천지를 창조하고 '보시니 좋았다'고 흡족해하였다. 그중 가장 심혈을 기울여 만든 인간에게 세상을 맡기며 땅을 지배하고 모든 생물을 다스리게 하였다. 하지만 자율의지까지 부여받은 인간은 신의 뜻에 온전히 순종하기엔 너무 영리했다. 그들은 신의 길에서 끊임없이 벗어났다. 신은 그들의 방종에 분노하고 안타깝게 여기면서도 끝내 사랑할 수밖에 없음에 깊이 탄식하고 있을 것이다.

 탄식하는 방법 또한 다양해서 시인은 시로 음악가는 음악으로 탄식을 표현하기도 한다. 구양수는 〈추성부〉에서 가을밤의 적막 속에 들려오는 처량하고 애절한 가을 소리를 들으며 풀벌레 소리가 자신의 탄식을 부추긴다고 했다.

리스트는 피아노곡으로 탄식했다. 단조로운 멜로디에 복잡한 화음으로 마음결을 어루만지며 파고드는 〈탄식〉. 오른손은 감정의 주제를 이끌고 왼손은 복잡한 감정의 실타래를 저녁 어스름이 내려앉듯 풀어낸다. 가슴속에 쌓인 응어리는 피아노 선율과 어울려 허공으로 흩어진다.

사노라면 기쁘고 즐거운 일보다 힘들거나 고통스러운 일들에 더 많은 힘을 쏟게 된다. 힘겹게 산 하나를 넘으면 또 하나의 산이 가로막는다. 그 앞에 선 막막한 가슴에 한 줄기 숨길을 트는 일, 어두운 터널에 작은 촛불 하나 켜는 일, 그것이 탄식하는 이유이다.

특별한 재주가 없는 나는 '아이구, 애고' 하는 소리를 앞세워 가슴 깊은 곳에 고여 있는 답답함을 퍼낸다. 나의 가슴 멍이다.

숟가락 하나 더 놓기

할머니는 '어여 숟가락 하나 더 놓으라'고 하셨다. "에이고, 부지깽이를 이래 내놓으면 누가 지나가다 엎어질라." 카랑한 목소리가 대문을 밀고 들어온다. 앞집에 홀로 사는 아주머니는 시시때때로 큰댁에 드나들었다. 마치 자기 집인 양, 대문턱을 넘으면서 이런저런 참견도 아끼지 않았다. 속으로는 눈을 흘길지언정 누구도 아주머니의 등장에 불편한 티를 내지 않았다. 옆으로 비켜 자리를 만들고, 아주머니는 당연하다는 듯 둘러앉아 밥그릇을 차지했다. 정작 가족들의 식사를 준비하신 큰어머니께는 무쇠솥 바닥에 남은 누룽지가 돌아갔다.

할머니는 늘 숟가락 하나 더 놓는 게 뭐 그리 힘드냐고 하셨다. 큰댁 울타리 옆에는 디딜방앗간이 있었다. 이곳에서 동네 아낙들은 벼 서너 되 머리에 이고 와서 찧어가기도 하고, 농주를 담그는 누룩이나 떡쌀을 빻으러 오기도 했다. 쿵덕쿵덕 방앗소리가 나면 할머니는 집에 있는 무엇이건 먹거리를 찾아들고 방앗간으로 나가셨다. 너나없이 끼니 걱정하던 배고픈 시절이었다. 할머니는 내 집 근처를 지나는 사람은 누구에게든 감자나 옥수수, 식은 밥 한 덩이라도 먹여 보내야 직성이 풀리셨다. 내 식구들도 넉넉히 먹지 못하는 형편이지만 할머니의 길손 대접은 한결같았다.

겨울에는 사랑방에 객식구가 들었다. 무슨 사정이었는지는 모르지만 일꾼 아재의 방에는 겨우내 군식구들이 들락거리며 숟가락 하나 더 놓게 만들었다. 나 역시 방학에는 할머니 뵈러 와 숟가락 하나를 보태곤 했다.

결혼 이후 지금까지 우리 집은 늘 다섯 식구로 산다. 신혼 때는 시외할머니와 시어머니 시누이가 함께 살았다. 시누이가 결혼한 후에는 딸아이가 태어났고 시외할머니가 세상을 떠나시자 아들이 태어났다. 그리고 매년 서너 차례 시어머니 친구가 서울 나들이할 때면 우리 집이 제일 편하다며 숟가락 하나 더 놓게 했다.

몸도 마음도 젊었던 때에는 숟가락 하나 더 놓기가 힘든 일이라고 생각하지 않았다. 다섯 식구의 밥상에 말 그대로 숟가락 하나 더 놓는 일이었다. 내게도 할머니와 큰어머니의 넉넉한 마음이 한 자락 스며있었나 보다.

설과 한식 추석의 차례상까지 우리 집의 숟가락 하나 더 놓기는 이어진다. 할아버지 할머니, 아버님 그리고 아버님의 친척 형님을 위해 차례를 지내기 때문이다. 친척 형님은 아버님과 함께 북에서 월남한 유일한 피붙이였다. 아버님은 형님에게 제사 모실 자식이 없다고 명절에라도 함께 모셔 메와 탕을 올리라고 하셨단다. 그렇게 시작된 숟가락 하나 더 놓는 차례는 지금까지도 꼬박꼬박 이어지고 있다.

아이들이 자라 딸은 독일로, 아들은 군 입대로 집을 떠나며 완강했던 다섯 식구의 매듭이 느슨하게 풀어졌다. 늘 다섯 개이던 숟가락이 하나씩 덜어지면서 밥상 차리는 일이 조금씩 수월하게 느껴졌다. 때로 식구 중 누군가 외식이라도 하게 되면 그 홀가분함은 마음에 깃털이라도 달아 놓은 것 같았다. 어쩌다 집에 혼자 있게 되는 날에는 아예 밥상 차리는 일을 생략했다. 숟가락을 식탁에 올려 끼니를 잇는 일보다 마음 가벼움이 내겐 더 소중했다. 그동안 아무렇지도 않았던 '숟가락 하나 더 놓기'가 '숟가락 하나 빼기'의 맛을 알게 되면서 밥상을 차리는 일이 점점 무겁게 느껴진다.

죽었다가도 "밥!" 하면 일어나 밥상을 차려야 하는 중차대한 사명이라도 타고났을까? 아이들이 공부를 마치고 우리 집은 다시 다섯 식구가 되었고, 나는 다섯 식구의 숟가락 놓기로 또다시 분주해졌다.

쌀 12kg, 생선 60~70마리, 소고기 10kg, 채소 20~30kg, 돼지고기 7~8kg, 계란 4판, 여기에 햇반 20개, 토마토 10kg, 사과 10kg이 대략적인 우리 집 한 달 식재료다. 코로나19로 집에 있는 시간이 늘어나 삼시 세끼는 기본이고 간간이 간식까지 챙겨야 한다. 이렇게나 많이 먹었다고? 세상에서 제일 큰 새는 타조도 알바트로스도 아니고 '먹새'였다. 엥겔지수로 계산을 해봐도 30퍼센트를 훌쩍 넘어 이른바 개발도상국 수준 지수이다.

  먹고 사는 일이 세상에서 가장 중요한 일임에 틀림없다. '먹기 위해 사는가, 살기 위해 먹는가'는 인류의 원초적 고민거리가 아니던가. 나 역시 아침에 눈을 뜨면서 '무엇을 해 먹어야 하나?'로 하루를 시작한다. 자리에 누운 채 다섯 식구의 입맛과 건강, 냉장고에 있는 식재료를 머릿속으로 버무린다. 점점 꾸물거리는 시간은 늘어지고 마음은 지친다. 숟가락 하나 더 놓기를 쉽게 생각했던 내 모습은 이제 간 곳이 없다. 그저 아이들이 하루빨리 내 둥지를 떠나 숟가락 하나 빼기에 동참해주기만 간절히 바라는 불량 엄마가 되어버렸다. 이런 내가 늘 넉넉한 마음으로 길손을 대접하던 할머니의 모습을 그리워하는 건 또 무슨 조화인지.

할아버지의 한약방

"우리 아기 좀 살려 주세요."

다급하게 한약방으로 들어선 할머니와 아기 엄마는 파랗게 질린 아기를 안고 있었다. 아기는 의식이 없는지 아무 소리도 내지 못하고 있었다. 할아버지는 급히 아기의 손목을 잡아 맥을 짚고, 침통에서 굵직한 침을 꺼내 관자놀이 부근에 쓱쓱 문질렀다. 그리고 아기의 자그마한 손가락을 펴서 침을 놓으셨다. 침이 지나간 자리마다 검붉은 핏방울이 맺히더니 드디어 아기가 울음을 터뜨렸다.

할머니와 아기 엄마도 그제야 막혔던 숨길이 트이는 듯 안도의 울음을 내뱉었다.

경기로 의식을 잃었던 아기는 정신을 차렸고 아기 엄마와 할머니는 할아버지께 큰절을 올리며 감사했다. '할아버지' 하면 제일 먼저 떠오르는 기억이다. 가끔 그날 그 아기는 건강하게 살고 있을까? 하는 막연한 생각이 들기도 한다.

할아버지의 허리춤에는 늘 침통이 달려 있었다. 갈색의 원통형 침통은 손때가 묻어 반들반들했고, 그 속에는 여러 개의 침이 들어 있어 달그락거리며 쇳소리를 냈다. 침들도 오랫동안 길이 들어 침끝만 하얗고 침몸은 거무스레하게 윤이 났다. 환자들에게 침을 놓을 때면 할아버지는 침통에서 침을 꺼내 관자놀이 부근 짧은 머리칼에 쓱쓱 문지르는 것으로 소독을 대신했다. 소독이라기보다는 좀 더 날을 세우기 위해서였을 것이다. 코로나로 마스크를 쓰고도 손 소독제를 뿌리고 그래도 불안해하는 요즘에는 상상도 못할 일이다.

병원은 고사하고 변변한 약국도 없던 강원도 산골마을에 할아버지의 한약방은 마을 사람들의 유일한 진료기관이었다. 보건지소에 가려 해도 면 소재지까지 십리 길을 가야하고 그곳에 간다 해도 제대로 교육을 받은 의사나 간호사가 있을 리 만무했던 시절이었다.

한약방에서는 갖가지 한약재 냄새가 났다. 천장에 주렁주렁 매달린 누런 봉투들은 저마다 제 속에 든 약재의 이름을 달고 흔들거렸다. 벽면을 꽉 채운 약장 칸칸마다 내 짧은 한자 실력으론 읽어낼 수 없는 약재 이름이 위풍 있게 새겨져 있었다. 그 아래에서 할아버지는 하얀 약포지를 여러 장 펴 놓고 갖가지 약재를 나눠 담아 맵시 있게 싸서 환자들에게 내주곤 했다.

할아버지는 틈만 나면 약초를 구하러 산과 들을 헤집고 다니셨다. 등에 멘 낡은 주루먹은 저녁 희미한 등잔불 아래서 갖가지 약재와 버섯들을 내놓았다. 둘러앉은 가족들 앞에서 할아버지는 들썩이는 무용담을 목울대 아래로 밀어 넣으며 "좀 더 땄어야 하는데" 하고 고개를 외로 돌리셨다.

가끔 할아버지는 쇠꼬챙이를 들고 소나무가 많은 뒷산을 오르셨다. 복령을 캐기 위해서였다. 복령은 여러 해 전에 베어낸 소나무 뿌리에 기생하여 혹처럼 달린 균핵이다. 소나무 밑을 꼬챙이로 푹푹 찔러서 쇠꼬챙이 끝에 하얀 가루가 묻어 나오는지 살펴서 찾아내면 곡괭이로 파내야 한다. 복령을 캔 날이면 할아버지의 발걸음은 춤을 추는 듯 보였다. 누가 심지도 않았는데 어떻게 죽은 소나무 뿌리에 커다란 고구마 같은 것이 달리는지 나는 아직도 궁금하다.

할아버지는 이렇게 구해온 약재들을 찌거나 말리는 등 법제를 해서 약성을 높이고 독성을 중화시켜 약장의 칸이나 천장의 봉투 속에 담았다. 그리고 때때로 작두를 펴 놓고 약재들을 썰었다. 서늘한 작두 날에서 조각조각 떨어지는 약재들의 모습을 보고 있으면 동화 속을 헤매는 듯 신비로운 느낌이 들기도 했다.

지금처럼 쉽게 약재를 구할 수 없던 때라 약방의 약재들은 대부분 산과 들을 누비며 직접 뜯거나 캐온 것들이었다. 때로 할아버지는 손주들에게 주변에서 쉽게 볼 수 있는 약초를 채취하게 했다. 봄에는 인동꽃, 여름에는 반하 뿌리나 국화꽃을 닮은 노란 금불초꽃, 가을이 되면 길경 씨앗이나 산사 열매가 주 종목이었다. 심부름 값을 외상으로 하다가 은근슬쩍 떼어먹는 엄마와 달리 할아버지는 바로바로 오십 환짜리 백동전이나 십 원짜리 종이돈을 손에 쥐여주셨다. 오가는 현찰로 경제 질서를 밝게 하신 할아버지셨다.

대부분의 먹거리를 자급자족해야 하는 산골 마을에서 할아버지의 돈은 가뭄에 단비같이 우리들의 단맛 갈증을 풀어 주었다. 오 원, 십 원은 한쪽 볼을 둥글게 부풀리고 오랫동안 빨아 먹을 수 있는 알사탕이 되고, 크라운산도의 달콤한 크림이나 누르스름하고 쫄깃한 밀크 카라멜이 되었다. 그때의 십 원이 요즘의 천 원 정도였을까? 내게 할아버지의 십 원짜리는 어떤 돈보다 더 가치가 있었다. 팍팍한 일상을 달콤하게 녹였고, 가슴 따뜻한 기억을 갈무리해 주었다.

"할아버지 잘 계시지요?"

발목에 그린 세계지도

 카메라를 들고 한강공원으로 나갔다. 한 달에 두 번 단체 출사일이다. 날씨에 구애받지 말고 햇빛이 있으면 있는 대로 비가 오면 비가 오는 대로 그날그날의 느낌을 찍어보자고 했다. 강바람이 가끔씩 이마를 어루만져 준다. 늦은 오후의 빛은 렌즈 속에서 다양하게 펼쳐졌다. 길게 자란 갈대와 먼 곳 빌딩의 거리를 재기도 하고 한강공원을 질주하는 자전거를 잡아보기도 했다.
 붉은 노을이 강물 위로 길게 꼬리를 내리고 일렁거리는 황홀한 시간이다. 부지런히 셔터를 눌러 가슴에 고인 풍경을 사각 프레임에 눌러 담았다. 공원에 세워진 조각 작품이 내 사진에 덧칠을 돕는다.
 노을이 점차 옅어지고 어스름이 그 뒤를 잇는 시간, 풀밭을 건너 해당화 열매가 어스름 빛을 희미하게 반사하고 있었다. 강물 위에 올려 찍어보려고 풀밭에 발을 들여놓는 순간 날카로운 통증이 발목을 파고들었다. 반사적으로 발을 들어 올리자 이름 모를 작은 벌들이 우수수 날아오른다. 쌍살벌처럼 생겼지만 노란색이 아닌 회색과 검은색 줄무늬가 눈에 들어온다. 아뿔싸! 벌집을 밟았나보다. 황급히 자리를 벗어나 발목을 살펴보니 양쪽 모두에 서너 방 쏘인 자리가 보였다. 이런 통증을 언제 경험해 보았을까? 머릿속 필름이 재빠르게 돌아갔다.

그 애는 우리 옆집에 살았다. 나보다 한 살 아래였지만 체격이 크고 힘도 세었던 그 애는 집안일도 능숙하게 해냈다. 힘들기도 했을 텐데 그 애의 말간 얼굴에는 선한 웃음이 떠나지 않았다. 주변에 같은 학년 친구가 없었던 우리는 단짝처럼 붙어 다니며 함께 놀았다. 그 애는 내게 산딸기를 따주거나 달래나 고들빼기를 캐주며, 언니같이 굴었다. 키가 작은 나를 언니로 따르기보다 도와주고 보살펴주고 싶었나 보다.

열 살 나이에 어울리지 않게 듬직했던 그 애는 나에게도 제법 의지가 되어 주었다. 그 날도 우리는 달래를 캐러 논두렁을 따라 강가로 향했다. 내가 앞서 통통 뛰어가고 그 애는 두어 발짝 뒤에서 따라왔다. 파란 하늘에는 하얀 구름 몇 덩이가 둥실 떠 있었다. 따뜻하고 평온한 바람이 귓전을 따라 스쳐갔다.

갑자기 등 뒤에서 그 애의 비명소리가 들렸다. 돌아보니 그 애가 발을 구르며 몸부림을 치고 있었다. 땡삐라고 부르던 땅벌이었다. 앞서 가던 내가 땅벌 집을 밟았고 성난 벌들이 달려 나와 뒤따라오던 그 애에게 달려든 것이었다. 똑똑한 몇 녀석은 진범인 내게로 달려들었다. 기를 쓰고 달려 벌을 따돌리고 숨을 고르며 우리는 눈물 콧물로 범벅이 된 서로의 얼굴을 바라보았다. 나는 다리와 팔에 네 곳을, 그 애는 얼굴은 물론 온몸에 수도 없이 쏘인 것 같았다. 내 눈앞에서 그 애의 눈두덩은 눈이 안 보이게 부어올랐고 팔다리에도 여기저기 쏘인 자리가 드러났다. 부은 눈꺼풀 아래로 놀람과 고통이 뒤범벅된 그 애의 눈물이 흘러내리고 있었다.

벌의 집중공격을 받은 그 애는 여러 날 심한 몸살을 했지만 나는 빨갛게 부어오른 곳에 간장을 찍어 바르는 것으로 끝났다.

벌에 쏘여 따갑고 쓰라린 통증이 다리를 타고 올라 머릿속까지 뻗쳐 올라간다. 1cm나 될까 싶은 조그만 녀석들의 분노가 고즈넉한 저녁 풍경에 취했던 내 마음까지 따끔따끔 꼬집는다.

어릴 적 시골에서 자란 나는 자연의 은총으로 단련되어서일까? 모기를 비롯해 곤충들에게 물리는 것을 그다지 겁내지 않는다. 모기에 물려도 침자리만 잠깐 남고, 쐐기에 쏘여도 부기나 통증이 오래 가지 않고 본래 모습으로 회복되는 자연친화적 체질이었다.

그렇게 쉽게 회복되겠지, 3일 정도 지나면 아무렇지도 않을 거라 생각했다. 다음 날 아침 발목은 빨갛게 부어오르고 가려워지기 시작했다. 이 정도야 뭐 예상했던 터, 신경 쓰지 않았다. 그러나 이틀이 지나고 삼사일이 지나도록 발목의 부기는 가라앉지 않았다. 극심한 가려움이 시도 때도 없이 들썩였다. 두드리기도 하고 긁어도 보고 얼음찜질을 해도 가라앉질 않는다. 일주일이 지나자 나는 그만 백기를 집어 들었다. 피부과에 가서 부어오른 발목에 십여 차례 주사를 찌르고 약 처방을 받았다. 그제야 부기가 빠지면서 발목에는 얼룩덜룩 세계지도 같은 무늬가 나타났다.

  자연친화적일 거라 믿었던 내 체질은 나의 터무니없는 믿음에 혀를 날름 내밀며 뒤통수를 쳤다. 과민반응이라는 의사의 말이 가슴을 쿵 때린다. 그리고 나 때문에 벌에 쏘였던 그 애가 생각났다. 그 애는 지금의 나보다 더 따갑고 가려웠을 텐데 미안하단 말도 하지 못했다. 간장 된장 찍어 바르며 미칠 것 같은 가려움을 견디었을 그 애의 푸근했던 얼굴이 문득 그립다.

그 남자 그 여자

　남자는 늘 여자의 오른쪽 반걸음 뒤에서 걷는다. 여자는 그런 남자가 편하다.
　여자는 눈으로 봄과 동시에 행동한다. 남자는 보고 생각하고 또 생각하고야 행동한다. 기다릴 여유가 없는 여자는 지하철 에스컬레이터를 한발 한발 걸어 내려가고 서서 내려가려던 남자는 그런 여자가 염려되어 하는 수 없이 따라 내려간다. 남자는 여자가 성급하다고 느껴진다. 여자는 남자가 너무 생각이 많아 느리다고 답답해한다.
　남자는 공중도덕을 잘 지켜야 마음이 편하다. 그래서 여자가 보도의 좌우로 종횡무진하는 게 못마땅하다. 종종 뒤에서 여자에게 오른쪽 한편으로 걸으라고 타이른다. 또한 남자는 자기가 아는 안전한 길에서 여자가 벗어나는 게 걱정스럽다. 호기심이 많은 여자는 처음 가보는 길이 신기하고 재미있다.
　무엇인가를 기르고 보살피기를 좋아하는 여자는 옥상에 텃밭을 만들었다. 수세미, 상추, 고추, 오이, 호박이 여름마다 그득하다. 여자는 도시 한복판에서 초록을 보는 것만으로도 즐겁다. 먹거리는 덩달아 따라오는 덤이다. 여자는 싱싱한 상추와 오이, 호박을 자랑스레 식탁에 올린다. 하지만 남자는 텃밭을 가꾸는 여자의 수고가 안쓰러워 쉽게 칭찬할 수 없다.

정해진 규칙을 잘 따라야 마음이 놓이는 남자는 컴퓨터를 켜고 끌 때마다 정해진 순서를 지킨다. 여자는 꼭 그렇게 하지 않아도 컴퓨터 쓰는 데 무리가 없다고 생각한다. 남자는 여자가 노트북을 끄고 마우스 전원은 그대로 두는 것이 못마땅하다. 여자는 그게 그렇게 화낼 일인가 싶어 서운하다. 서운하다 못해 남자가 여자보다 노트북을 더 소중히 여기는 것 같아 속상하다.

남자는 생각으로 행동하고 여자는 경험과 느낌에 따른다. 남자는 결정하는 데 시간이 오래 걸린다. 여자는 마음속에 떠오르는 대로 바로 행동으로 옮긴다. 때로는 생각과 행동이 동시에 이루어지기도 한다. 암튼 결정하는 시간이 짧다. 신중한 남자는 실수가 적지만, 여자는 자신의 결정에서 군데군데 허점과 구멍을 발견한다. 남자는 생각 없어 보이는 여자가 염려되고 때론 한심하다. 여자는 자신의 결정이 큰 문제를 만드는 일은 없으니 그때그때 맞추어 가면 된다고 생각한다.

남자는 여자가 즉흥적이어서 실수가 잦은 것이 마음에 안 들지만, 여자는 실수도 살아가는 데 필요한 약이라고 생각한다.

남자는 자기의 당부를 여자가 흘려듣는 것 같아 기분이 상한다. 여자는 남자의 생각과 결정에 맞추어야 하는 자신이 한심하고 자존감도 떨어진다. 남자는 30년 넘게 함께 살았는데도 번번이 자기 생각에서 벗어나는 여자를 이해할 수가 없다. 여자는 평생 남자의 생각을 헤아리고 비위를 맞추느라 정작 자신의 정체성을 잃어버린 것 같아 우울하다.

꼼꼼한 남자와 덜렁대는 여자는 늘 이런저런 사소한 일들로 티격태격한다. 남자는 덜렁대는 여자가 늘 불안하여 끊임없이 여자를 보호하려 한다. 남자는 여자가 자신의 울타리 안에서 평안하기를 바란다. 여자는 그런 남자가 든든하기도 하지만 때로 답답하고 숨이 막힌다. 여자는 남자의 조급한 보호보다 넉넉하고 따뜻한 도움을 받고 싶다.

남자는 보호라고 쓰지만 여자는 통제라고 읽는다.

생각으로 생각이 많은 남자와 딱 그만큼 생각이 안 되는 여자가 한 집에 산다.

허혜연

sunshine4475@daum.net

휴대폰 실종사건

가족사진

유월의 신작로

행복을 주는 사람

아름다운 이별을 위하여

지나가는 여자의 옷자락에 단풍잎 하나가 따라간다. 단풍이 떨어진 나무 아래 앉아 도란도란 이야기꽃을 피웠나보다. 가을은 나뭇잎을 곱게 물들이며 열매를 남기고 떠난다. 겨울은 바람을 몰고 와 모든 것을 포옹하며 사람 사이에 온기를 나누게 한다. 우리는, 자판과 씨름하며 글을 남긴다. 삶에서 힘을 실어주는 일이 있는가 하면 쉬이 피로해지는 일도 있다. 추위는 다가오는데 간간이 부는 바람이 좋다. 청량함이 정신을 맑게 한다. 글쓰기는 멀어져가는 기억을 길어 올리는 일이다. 생수 같은 글을 쓰고 싶지만 시선은 창밖으로 향한다.

2020년《수필과비평》등단
산들문학회 회원
공저《시간의 정원》,《어머니의 유일한 노래》,《함께 가는 낯선 길》

휴대폰 실종사건

 빈손을 보고도 믿기지 않았다. 정차한 전동차를 타던 내 손에서 순식간에 휴대폰이 사라졌다. 범인은 그 일을 아는지 모르는지 빠르게 자리를 잡고 앉은 할아버지였다.

 지하철 승강장이 비교적 한산한 오후, 막 도착한 열차를 타는 순간 배낭을 멘 할아버지가 먼저 타려고 내 어깨를 툭 쳤다. 그 바람에 들고 있던 휴대폰을 놓쳐버린 것이다. 눈 깜빡할 사이에 소리도 없이 일어난 일이라 휴대폰의 행방을 알 수가 없었다. 나는 재빨리 객실 안을 살피고 객실과 열차의 타는 곳 사이를 훑어보아도 휴대폰은 보이지 않는다. 당황한 나는 전동차를 타고 가야 할지 내려야 할지 판단이 서질 않았다. 전동차의 정차 시간은 길어야 30초다.

 무슨 일이 생기려면 징조가 있기는 하다. 아침만 해도 그랬다. 현관문을 나서는데 뭔가 허전해서 보니 얼굴에 마스크가 없다. 다시 들어가서 마스크를 장착하고 나왔다. 엘리베이터를 타고 1층에 닿아서야 휴대폰을 놓고 왔다는 걸 알았다. 외출을 하려면 혹시 필요할까

이것저것 챙기는데 실수가 잦으니 서글펐다. 휴대폰을 챙겨 나왔다.

열차는 곧 떠난다. 나는 선택해야만 했다. 휴대폰이 바닥에 부딪힌 소리나 미끄러지는 게 보이지 않았으니 객실은 아닐 것이다. 객실 안 사람들의 눈길도 무심하다. 철로에 떨어졌을까? 확신이 서질 않는다. 나는 내 직감을 믿기로 하고 열차를 타지 않는 쪽에 걸었다. 열차는 곧 떠났다.

내가 누구인지 증명해주고 보증해주는 것이 휴대폰 아닌가. 이제 휴대폰이 없는 일상은 세상과 단절되는 일처럼 되어버렸다. 단순히 통화나 문자를 주고받는 것을 떠나 은행이 되고 원하는 음악도 들려주며 길잡이에 지나간 추억의 사진까지 보여준다. 가족은 떨어져 있어도 휴대폰은 눈 뜨면서부터 잠들 때까지 분신처럼 함께했다.

지난날 나는 누구보다 육아와 살림이 서툴렀다. 게다가 세 살이 된 아들은 조용히 살고자 하는 나를 잠시도 엉덩이를 붙이지 못하게 할 정도로 활동적이라 힘들었다. 남편의 퇴근 시간에 맞춰 저녁준비를 할 땐 난감했다. 궁여지책으로 밖으로 나가지 못하게 장난감을 쥐여주고 어린이 프로그램에 맞추어 텔레비전을 켜 놓았다. 바쁘게 저녁준비를 하다 거실을 보니 텔레비전만 켜져 있고 아들은 없다. 급히 아들을 찾아 나섰다.

이곳저곳 아들이 갈 만한 곳을 눈으로 소리로 찾아 헤매는데 해는 저물어 마음은 더욱 초조해졌다. 고만고만한 아이들이 다 아들처럼 보였다. 눈물이 나왔다. "무슨 일이에요?" 지나가던 이웃 아주머니가 물었다. 마침 아이를 알고 있는 아주머니다. 이사 와서 알게 된 친근한 이웃으로 몇 번 차를 함께 마신 적이 있어 자초지종을 이야기했다. 터줏대감 같은 아주머니가 사람들을 불러 모았다. 모인 사람들 중에는 경찰도 있었다. 얼마쯤 지났을까. 친근한 이웃은 아들을 찾은 것 같다고 함께 가보자고 했다. 정신없이 뒤쫓아 갔더니, 어느 낯선 주택에 도착했다. 아들은 일면식도 없는 사람들과 어울려 자기 집인 양 텔레비전을 보고 있었다. 이름을 부르니 해맑게 달려와 안겼다. 잃었던 아들을 찾으니 천하를 얻은 듯 기뻤다.

열차는 떠나고 안전문이 닫힌다. 철로에 내려가려면 어찌해야 하나. 하필이면 없었던 안전문이 얼마 전에 생겼다. 안전문 가까이 다가서서 철로 안쪽을 들여다보니 내 휴대폰이 보인다. 반가우면서 당황했는데 한 아주머니가 역무실로 가는 게 빠르단다. 개찰구 호출 벨을 누르고 역무실 쪽으로 달려갔다. 마침 호출을 받았는지 무전기를 든 여직원을 만났다. 나는 되도록 상세히 상황을 전했다.

직원은 기다리라며 역무실로 돌아갔다. 나는 초조한데 그녀는 나올 기미가 보이지 않는다. 문만 바라보고 있으니 장대 모양의 도구를 든 남자 직원과 함께 나온다. 아마 저 도구를 찾느라 늦었나보다. "번거롭게 해드려 죄송합니다." 나는 진심을 실어 말했다. 역무원은 업무를 수행하는 엄숙함으로 아무 말 없이 장대를 들고 승강장으로 향했다 나는 바닥에 적힌 숫자를 확인하며 "여기입니다." 손가락으로 휴대폰이 떨어진 곳을 가리켰다.

말없는 역무원은 열쇠 꾸러미에서 하나를 꺼내어 내가 가리킨 숫자의 안전문을 열고 장대를 내렸다. 장대 끝 집게에 내 휴대폰이 매달려 올라왔다. 역무원이 전하는 내 모든 정보를 담은 수족 같은 휴대폰을 반갑게 받아들었다. 사라진 아들을 찾았을 때처럼 무언가 잃었던 것을 찾으면 소중함은 더하다.

경쾌한 신호음과 함께 안내 방송은 다음 열차가 들어오고 있음을 알린다. 역무원이 지나간다. 그날의 역무원은 무덤덤했지만 고난에 빠진 나를 구했다. 이제 역무원이 지금까지 본 것과 다르게 친근해 보인다. 지하철이 들어온다.

"전동열차와 타는 곳 사이가 넓습니다. 발빠짐에 주의하시기 바랍니다."

나는 휴대폰을 쥔 손에 힘을 주었다.

가족사진

햇살이 안개처럼 퍼질 때 한 통의 낯선 전화를 받았다. 전화를 건 사람은 가족사진을 찍은 지 얼마나 되는지 묻는다.

언제였더라? 여행을 하거나 행사 때 휴대폰으로 찍은 걸 얘기하는 건 아닐 테고. 그러니까 사진관에서 제대로 찍은 것은 아이들이 어린 시절 가족신문을 만들 때다. 가족 구성원이 다 있는 사진이 필요해서 지금 하지 않으면 안 되는 것처럼 서둘러 찍었던 일이 생각났다. 동네 사진관에서 찍은 그 사진을 끝으로 사진관에서 가족이 함께 찍은 일은 없다고 대답했다. 그는 참고하라며 여러 유형의 사진을 휴대폰으로 보내주었다. 견본 사진의 다양한 스타일이 시선을 사로잡는다.

얼마 전, 요행이라고는 없는 내가 반신반의하며 제주도 여행과 가족사진 촬영을 하는 이벤트에 응모했는데 며칠 안 되어 연락이 왔다. 지친 일상에 활력이 되리라 기대하며 지원했지만 막상 연락이 오니 여러 가지로 걸린다. 우선 가족들의 의견은 어떨지, 시간도 내야 하고, 번거로운 일이라 생각할 것 같다. 남편이나 아이들에게 소식을 전하니 괜찮다머 의외로 반응이 좋다.

내가 사진관에서 처음 사진을 찍은 건 초등학교 입학 전이다. 엄마가 물방울무늬의 원피스를 맞춰주었다. 나는 부모님 앞에서 몇 번이나 원피스를 입고 나비처럼 팔을 벌려 몇 바퀴 돌고, 또 돌아보였다. 어느 날 아버지가 원피스를 입은 나를 사진관에 데려갔다. 아버지는 사진 찍을 때 눈을 감으면 안 된다고 일러 주었다. 나는 깜빡이려는 눈을 아프도록 참으며 부릅뜨고 찍었다.

어느 날 학교에서 돌아오니 동생들이 동네에 오는 사진사에게 사진을 찍었다고 자랑했다. 그것도 사진사가 빌려주는 예쁜 색동한복을 입고 찍었다니 약이 올랐다. 철없이 왜 나만 빠졌냐고 투정해도 내가 학교에서 오기 전에 사진 찍는 일은 끝나 있었기에 도리가 없었다. 부모님은 나중에 다 같이 찍자 하셨지만 결혼식 때 함께 찍은 사진이 다음 가족사진이 되었다.

촬영을 앞두고 어떤 스타일로 찍을지 의논했다. 깔끔한 정장, 선이 고운 한복, 영혼까지 자유로 물들 청바지의 개성이 선택을 방해한다. 언제 봐도 아름다운 웨딩드레스를 입은 사진을 보니 결혼할 때 적당히 고른 나의 촌스런 캉캉 웨딩드레스가 생각났다. 그보다 세련된 리마인드 웨딩사진을 찍을까 하는 생각도 잠시, 그중에 가장 핫한 복고풍 '경성스타일'이 더 가족의 흥미를 끌었다.

'미스터 션샤인'이란 드라마에서 여배우가 입고 나와 인기를 끌며 상업화되었고 가족사진으로도 대세다. 드라마에서 경성스타일은 일제 강점기 경성의 세련된 신식스타일이다. 아픈 역사와는 달리, 지금은 고전적이면서 영화처럼 재미있고 우리 가족 분위기와도 어울릴 것 같았다.

지금도 아파트 거실에 가족사진이 걸려 있는 집이 많지만 예전에도 집집마다 가족사진이 상장과 함께 자랑스럽게 걸려 있었다. 거의가 결혼식이나 환갑, 졸업식에 가족이 함께 찍거나 사진관에서 찍은 백일과 첫돌사진을 대청마루나 거실에 줄줄이 걸어두었다. 지금 보면 우습지만 그 당시엔 돈푼이나 주고 찍은 것을 장롱 속에 잠재울 수만은 없었다.

사진은 되새길 행복한 추억으로 남아 있다. 어린 시절엔 함께 못 찍어서 불만이었던 색동옷 사진이나 물방울 원피스도 흑백사진이지만 추억은 선명하다. 그 사진을 보면 눈을 감지 말라는 말이 생각나서 미소가 번진다. 가난한 시절에 부모님은 맏이인 나에게 기꺼이 사진관에서 찍은 사진을 남겨주셨다. 그것도 호사스럽게 맞춤 원피스를 입은 독사진으로 사랑을 전한다.

사진에도 역사가 담겼다. 시대적으로 변모해 가는 모습과 흐르는 시간을 알 수 있다. 그렇게 흐른 세월로 이제는 '경성스타일'이라는 새로운 스타일로 재해석해 우리 가족은 가족사진을 찍는다. 바쁜 일상으로 온 가족이 모여 식사하는 것도 드문 일이 된 세상이다.

"가족들이 서로 맺어져 하나가 되어 있다는 것이 정말 이 세상에서의 유일한 행복이다."라고 퀴리 부인은 전한다. 여성으로서 처음 프랑스 소르본 대학 물리학을 공부한 퀴리 부인은 검소했다. 역시 검소한 남편 피에르 퀴리와 만나 함께 연구에 매진하여 나란히 노벨상을 받았다. 힘든 시간을 함께했기에 영광도 함께할 수 있었다.

가족이 함께하는 시간은 어려움을 극복하고 앞으로 나아가는 힘이 된다. 함께 한 그 시간이 지금 우리 가족 모습이다. 한 가족이 오늘에 이르기까지 가족사진에도 다양한 가족사(家族史)가 담겨 있다. 남은 시간 중에 제일 젊은 이 날에 우리는 또 한편의 가족사에 사진으로 방점을 찍는다. 또 언제일지, 남은 날에 몇 번이나 함께 찍을 수 있을지 모르기에 더 소중한 가족사진이다.

유월의 신작로

 그해 유월, 우리는 자전거 타기에 한창이었다. 쭉 뻗은 신작로엔 포플러 나무가 도열했다. 그 길에 가로수만큼 푸르른 친구들이 자전거를 타고 있다. 이제 자전거를 배우기 시작한 동생과 나도 아버지의 자전거를 타고 나갔다. 오래되고 낡은 자전거는 우리가 타기엔 힘에 겨워 타기보다는 끌고 나갔다. 그곳엔 먼저 나와서 기다리는 한 사람이 있었다.
 스무 살을 갓 넘긴 그는 고수머리에 하얀 얼굴로 귀공자처럼 눈길이 간다. 숫기는 없지만 자전거를 가르치는 선생으로는 고수다. 신작로에서 자전거를 배우는 대부분의 아이들은 그의 가르침을 받는다. 처음엔 제자를 태우고 바람을 가르며 달려본다. 아이들이 쫓아간다. 어느 때는 자전거 한 대에 두세 명이 붙어서 달린다. 속도가 오르면 아이들은 비명에 가까운 소리를 지른다. 웃음소리와 두려움도 함께 허공에 띄운다. 머리카락이 바람에 이리저리 나부낀다.
 얼마를 달리다 멈추면 아이가 핸들을 잡고 그가 뒤에서 붙잡고 달린다. 나도 지켜보다 동생에게 먼저 타라고 했지만 겁먹은 얼굴로 도리질이다. 내가 먼저 가로수에 기댄 자전거에 오른다. 비틀거리는 자전거를 잡은 동생도 나도 힘에 부친다. 핸들을 꼭 잡고 앞만 바라본다. 자전거 고수는 부르지 않아도 때맞춰 달려와 잡아준다. 달릴 준비가 된 것이다. 자전거에서 손을 놓으면 안 된다고 일러두는 것도 잊지 않았다. 페달을 밟자 자전거가 움직이기 시작한다. 자전거 타기의 묘미는 속도와 스치는 풍경이다.

한 번씩 돌아보며 자전거 잡은 손을 확인하지만 어느 순간 혼자 달리고 있다. 고수는 언제 손을 떼야 할지를 안다. 그는 제자가 대견하다는 듯 멀리서 웃고 있다. 잘 달리다가도 혼자라는 걸 알면 겁을 먹고 비틀거린다. 자전거가 맥없이 넘어졌다. 이럴 땐 빨리 일어나는 것이 덜 부끄럽다. 생채기가 난 다리에서 피가 흐른다.

나무 아래 평상에서 푸성귀를 다듬던 아주머니들은 자전거 사고에 일손을 멈추고 일어선다. 자전거를 타던 아이들도 속도를 줄인다. 아픔을 참으며 누군가 내민 팔에 의지하여 잠시 숨을 고르고 다시 핸들을 잡는다. 잠시 후, 넘어진 사람의 아픔은 뒤로하고 웃음소리가 퍼진다. 신작로에 노을빛이 드리운다. 이제는 집으로 돌아갈 시간인가 보다.

시작은 어렵지만 시간이 지나면 넘어질까 졸이던 마음은 사라지고 상쾌한 바람이 얼굴을 스치며 간지럽히는 걸 느낀다. 스치는 풍광도 보며 누가 더 잘 달리는지도 가늠한다. 그런데 신나게 달리는 길 가운데 그는 멀뚱멀뚱 허공을 바라보며 머리카락만 손가락으로 뽑고 있다. 정수리엔 머리카락이 거의 빠져 있다.

　어릴 때 천재소리를 들었다는 그는 정신이 고장 났다. 어디서부터 정신을 놓았는지 하루 종일 걷고 또 걸으며 시간을 보낸다. 길을 가다 보면 종종 마주친다. 인사를 해도 그저 허공을 보며 웃는다. 빛이 바랜 헐렁한 셔츠에 몇 치수는 큰 바지를 걸치고 있다. 그 옷깃을 바람에 펄럭이며 지칠 줄 모르고 자전거와 달린다. 그는 그렇게, 푸른 시절의 한 자락을 태워 바람에 날렸다. 실연으로 정신이 온전치 않다거나, 무슨 경연대회를 준비하다 그리되었다는 설이 난무했지만 진실은 모른다. 말은 한다는데 나는 한 번도 그 사람의 목소리를 들은 적이 없다. 그저 우리에겐 어느 동네나 있는 마음씨 착한 키다리 아저씨였다.

　한 해의 절반인 유월이다. 내가 지난 시간을 어떻게 보냈건 시간은 일정하게 달린다. 화사함을 뽐내던 꽃도 시간과 함께 가버리고 흔적만이 매달렸다. 햇빛이 강해지고 나무마다 잎이 무성하며 그늘은 짙어진다. 서서히 달아오르는 대지의 열기들로 더위의 시작을 알린다.

　흐르는 시간에 낡고 녹슨 자전거를 탄 사람은 찾아보기 힘든 시절이다. 자전거를 타던 아이들도 어디에서 살고 있는지 알 수 없고 자전거를 잡아주던 그도 사라졌다. 소문에는 어느 요양원에서 죽었거나 실종되었다고 하지만 신작로 제자들 마음속엔 자전거 고수로 살아 있을 것이다. 묶였던 시간도 지나고 다시 찾은 일상에 추억만이 자전거처럼 달린다.

　스무 살을 넘긴 그를 아저씨라 생각했던 그 시절에 몇 배를 더한 세월의 무게만큼 시린 날이다. 동네에서 모자란다 했지만 자신의 역량만큼 최선을 다한 스승이 아니었을까. 그 시절 친구들과 풍경이 그립다. 날렵한 자전거를 탄 한 무리가 태양이 내리쬐는 도로를 내달린다. 풀 향기가 퍼진다.

행복을 주는 사람

 화창하다는 것만으로 설레는 날이다. 약속한 장소로 햇살을 받으며 걸었다. 맞은편에 부부로 보이는 초로의 남녀가 오고 있어 자연스럽게 마주친다. 산책을 나온 듯하다. 깔끔한 차림의 여자에 비해 편한 복장의 남자는 걸음이 불안정해 보인다. 무표정한 남자와 온화한 표정의 여자, 둘 사이는 가깝다.

 그들과 나와의 거리도 점점 가까워지는데 여자가 몸을 구부려 손가락으로 무언가 집어 올렸다. 내가 그녀 앞에 닿았을 때, 여자가 손을 불쑥 내민다. 네잎클로버. 고개를 숙이니 길가에 클로버가 초록빛 얼굴을 내밀고 있다.

 "이걸 받아도 되나요?" 묻는 내게 여자는 "네, 드리고 싶어서."라며 미소를 짓는다. 나는 뜻밖의 상황에 꽃다발만큼 벅찬 무게를 느끼며 네잎클로버를 받았다. 옆에 있던 남자는 그런 여자의 행동에 익숙한 듯 무심하다. "고마워요. 행복한 시간 보내세요." 나는 시간에 쫓기기도 하고 뭔가 빚진 것 같아 자리를 서둘러 떠났다.

우리가 도끼풀이라 부르기도 하는 글로버(clover)는 세 잎이다. 네잎클로버는 일회성 기형이다. 실제로 자연에서 기형의 네잎클로버가 되는 확률은 일만 분의 일이라 한다. 예부터 네잎클로버는 행운을 가져온다고 전해져 일부러 찾는 사람도 많다. 나폴레옹이 네잎클로버를 보고 엎드려서 날아온 총알에 목숨을 건졌다는 것부터 네잎클로버에 얽힌 일화도 많다.

나도 학교 운동장 가장자리나 야외로 나갔을 때 한 번씩 눈이 아프도록 행운을 찾아보았다. 나중엔 어디를 봐도 푸릇한 네잎클로버가 아롱거린다. 과학적 근거가 없는 미신이긴 해도 그만큼 희소성이 있어 세 잎 속에서 발견했을 때 기쁜 일이다. 일시적으로 찾아오는 기쁨이 행운이 되길 바라는 희망이기도 하다. 지금은 인터넷에서 코팅된 네잎클로버를 팔기도 하는데 발견한 기쁨에 비할까. 네잎클로버만 있는 화분도 나와 있어 수험생이나 생일을 맞은 이에게 선물하기도 한다.

행운을 바라는 마음은 복권에도 있다. 다양한 이름의 복권을 파는 곳에서 사람들은 자신에게 올 행운을 기대하며 복권을 구입한다. 한 주간 동안 당첨이 될 경우의 미래를 그려보며 기다린다. 일장춘몽일지라도, 1등이 몇 번 당첨되었다는 입간판이 놓인 복권 판매장은 오늘도 줄이 길다.

어느 식당에서 식사를 마치고 계산을 하니 사은행사로 복권을 주었다. 받아만 두고 잊고 지내다 혹시나 하는 마음으로 보면 그 흔한 천

원짜리 행운도 없다. 지인이 여행 가서 재미로 나누자며 건네준 것도 꽝이다. 그런 요행은 나와는 거리가 멀다.

> 행복을 애써 좇는 한
> 넌 행복에 이를 때가 되지 않았다
> 잃어버린 걸 안타까워하고
> 몇 가지 목표를 가진 채 안달하는 한
> 넌 평화가 무언지 아직은 모른다
> 모든 소망을 체념하고
> 목표도 욕망도 더는 알지 못하고
> 더 이상 행복을 여러 이름으로 부르지 않는다면
> 비로소 수많은 사건들이 더는 내 심장에 이르지 않는다
> 그리고 내 영혼은 쉴 것이다

헤르만 헤세는 〈행복〉이라는 시에서 이렇게 노래했다. 소소한 행복으로 아쉬움을 달래야겠다.

복권을 구입해 친구와 나누고 당첨되면 당첨금을 나누자고 하지만 나눈 경우도 있고, 그러지 않아 소송으로 간 경우도 있다는 이야기를 들었다. 행운과 불행의 간극이다. 전자는 행운이고 후자는 당첨되지 않았다면 우정이라도 유지하지 않았을까 싶다.

예수님이 십자가에 달리실 때 양쪽에 함께 매달린 흉악한 죄수 둘이 있었다. 하나는 자신의 죄를 알고 인정하지만 다른 하나는 예수님

을 비난하며 원망과 불평을 했다. 뉘우치고 회개한 죄수에게 예수님이 "나와 함께 낙원에 있을 것이라" 하셨다. 죽음의 순간에 구원을 받은 것이야말로 행운의 확장 아닐까.

"주는 것이 받는 것보다 복이 있다."라는 성경 구절도 있다. 기부하는 사람들의 이야기를 들어보면 처음엔 대수롭지 않게 기부를 했는데 받는 이들의 행복한 모습을 보며 본인이 더 행복을 느껴 기부를 이어가고 있다고 한다. 받은 이들이 주는 사람이 되는 것을 주변에서 본다.

모임에 시간 맞춰 오는 것도 힘든데 간식과 차를 준비해 오는 분들을 보면 주는 행복을 아는 사람이라는 생각이 든다. 아마도 성경에 담긴 요지도 받은 사람이 다시 주는 사람으로 거듭나고 그 기쁨과 행복을 함께 누리라는 의미를 담았으리라.

작은 풀잎 하나로 행복한 하루를 선물 받은 기분이다. 나는 그들과 살아가는 이야기를 나눌 수 있는 아쉬운 기회를 놓쳤는지 모른다. 어쩌면 그들은 지금 이만큼 걸을 수 있는 것도 행복이라고 말할 수도 있다. 덕분에 나도 별일 없이 오늘에 이른 것에 감사하는 마음이다. 그들이 건강을 회복하고 행복하기를 기도한다. 그녀가 내게 건네준 작은 풀잎 하나에 행복한 여운이 번진다.

아름다운 이별을 위하여

 언제부터인지 결혼식이나 장례식장에 가는 일이 점점 많아진다. 결혼은 신랑과 신부 양가가 좋은 날을 택하지만 죽음은 정해진 날이 아니다. 어느 날 갑자기 찾아오지만 피할 수 없는 것이 죽음이다. 이제는 죽음도 삶의 과정으로 생각하고 준비가 필요한 것 같다. 문상하러 가서 영정사진을 보면 부모님을 생각하게 된다.
 아는 사진작가는 자원봉사로 영정사진을 3천여 장 찍었다. 그의 컴퓨터 바탕화면은 인물사진으로 채워져 있다. 우연한 기회에 사진을 보게 되었다. 각기 다른 얼굴만큼 머리나 옷의 색깔도 다양해서 화려한 패턴으로 보인다. 몇 장을 확대하여 보니 연세가 꽤 있으신 분들이다. 십 년 전쯤 찍었다 하니 그들 중에 유명을 달리하신 분들도 적지 않겠다.
 영정사진은 장수사진이라고도 한다. 영정사진의 다른 말인 장수사진은 장수하길 바라는 마음이 담긴 것 같다. 사진 속의 인물들은 대부분 어떤 행사장에 초대받은 것처럼 차려입고 미소를 띠고 있다. 그들의 환한 표정과는 달리 어느 날 장례식에 쓰일 사진이라 생각하니 슬퍼 보인다. 무엇보다 중요한 것은 그들의 얼굴에 나타난 삶의 흔적이다.

누구나 삶의 애환이 있겠지만 죽었을 때 영정사진까지 그 고단한 흔적을 남기고 싶지는 않았을 것이다. 그래서일까. 곱게 단장하고 찍었을 그들을 보면서, 내 얼굴에는 어떤 삶의 흔적을 남기게 될까 궁금하다. 누구나 태어났으면 피할 수 없는 일이 죽음이다. 사람이 태어나는 것은 순서가 있어도 죽음에는 순서가 없다. 우리 주변에서도 전혀 생각할 수 없는 부음을 접하면서 놀라기도 한다.

벌써 몇 해 전의 일이다. 젊고 삶의 에너지가 넘치던 지인이 사십을 조금 넘기고 요절하였다. '밤새 안녕하신지?'라는 말이 실감났다. 한동안 그 죽음이 아는 사람들의 대화에서, 나의 뇌리에서 떠나지 않았다. 문상하러 갔을 때 아이들과 그녀의 남편도 믿을 수 없다는 표정이었다. 그들의 비통함과 황망함을 통해 죽음의 실체를 보았다. 영정사진 속의 그녀는 젊었다.

어떤 이는 갑자기 떠난 엄마의 영정사진이 준비되지 않아 주민등록증 사진으로 확대하여 대신했다고 한다. 숙환으로 미리 준비하는 경우도 있다. 하지만 예고도 없이 닥치는 것이 불행과 죽음 아닌가. 어느 날 닥쳤을 때 당황하여 우왕좌왕하다 젊은 시절 사진을 쓰는 경우도 있다. 잘 모르는 문상객들은 젊은 사람이 죽었다고 오해를 하며 더 안타까워하기도 한다.

　지난 명절에 부모님은 "살아갈 날이 얼마나 남았는지 모르지만 우리도 적은 나이가 아니다. 미리 알려주는 것이 좋을 것 같다."라며 운을 뗐다. 부모님은 담담하게 몇 가지 당부를 했지만 우리는 이루 말할 수 없는 슬픔이 밀려왔다. 부모님이 손수 준비해 둔 장수사진과 수의를 보여주겠다고 했다. 우리는 "요즘은 자연스럽게 행복한 순간의 스냅사진을 쓴다."며 장수사진 보는 것을 거절했다. 부모님이 돌아가신다는 생각은 하고 싶지도 않았고, 죽음에 관련된 것을 미리 본다는 것이 마음 불편했다.

　부모님은 다가올 자신들의 죽음을 생각하면서 우리에게 혹여나 짐이 될까 수의를 준비하고 사진을 찍었을 것이다. 그런 생각을 하니 와락 눈물이 솟는다. 부모님은 자식들의 슬픔과 할 일을 조금이나마 덜어주려고 준비해 두신 것 같다. 부모님의 사랑은 끝이 없다.

　평균수명이 길어진 만큼 '어떻게 사느냐'도 중요하지만 '어떻게 죽느냐'도 무시할 수 없다. 사람들은 학력이나 취업을 위한 스펙과 이력에 집중한다. 살아가기 위해서는 그런 것들도 중요하다. 그러나 생의 마지막에 어떻게 평가되느냐가 더 중요함을 잊어버려 때때로 과오를 범하는 사람들도 있다. 마지막까지 잘 살아야 죽음도 빛이 난다. 저명한 문인들이 자신의 묘비명을 준비해 둔 것을 보면, 죽음에 대한 그들의 성찰을 느낄 수 있다.

돌이켜 보니 손수 준비해 둔 사진과 수의를 보지 않고 온 것이 마음에 걸린다. 내 마음이 슬프고 불편하다고 거절한 것이 죄송하다. 다 모였을 때 함께 보자고 했을 때 봐두는 것도 자식의 도리임을 뒤늦게 깨닫는다. 언제든 하늘의 부르심을 생각하고 삶에 대한 집착과 욕심을 내려놓은 부모님의 생사관(生死觀)을 이제야 알게 되었다. 죽음을 삶의 일부분으로 생각하여 아름다운 마무리를 준비하시는 부모님은 죽음을 달관한 것 같아 숙연해진다.

인간은 유한한 삶이기에 앞으로 남은 시간을 대략 계산해 보았다. 내 앞에 놓인 시간이 생각보다 길지 않다. 시간을 어떻게 쓰며 살아야 할지 진중히 생각한다. 그렇게 보낸 시간의 흔적들이 지상에서 아름다운 이별을 위한 나의 준비가 될 것이다.

피희순

hspipi123@gmail.com

상수리나무의 교훈
공깃돌 다섯 알
숲
보이지 않는 명함
둥지 찾아 나는 새

가을걷이하는 농부의 마음으로 한해를 돌아봅니다.
웃자고 시작한 글쓰기가 눈물을 쏙 빼는 일이 될 줄 어찌 알았을까요.
그래도 좋아서 하는 일이니 누가 말릴 수도 없습니다.
벌써 4번째 동인지 출간입니다.
그동안 브레이크가 걸린 때도 있었고, 엔진 고장으로 폐차의 위기도 있었지만
한 사람, 또 한 사람 힘을 보태더니 올해는 더욱 풍성한 해가 되었습니다.
이렇게 수확을 하고 보니 또다시 가슴이 벅차오릅니다.
산들문학회 동인지 4집 출간을 축하하며,
웃고 떠들며 기꺼이 길동무가 되어준 문우들에게 감사의 마음을 전합니다.

2020년 《수필과비평》 등단
산들문학회 회원, (사)한국사진작가협회 정회원
공저 《시간의 정원》, 《어머니의 유일한 노래》, 《함께 가는 낯선 길》

사진전: 부산국제사진제(2021, 부산 F1963 석천홀)
         전주국제사진제(2021, 전주 서학아트스페이스)
         빛을 기억하다(2019, 서울교대 샘미술관)
         제6회 대한민국사진축전(2019, 동대문 DDP)
         단체전 다수.

상수리나무의 교훈

어릴 적, 할머니에게 옛날얘기 해 달라고 조르면 자주 해주시던 이야기다.

"옛날에 대나무와 뽕나무 그리고 참나무가 살았단다. 어느 날 뽕나무가 '뽕~' 하고 방귀를 뀌었더니 대나무가 '대끼 이놈!' 하고 소리쳤어. 그랬더니 옆에 있던 참나무가 '참아라~' 하더란다."

할머니는 늘 똑같은 이야기를 똑같은 톤으로 하셨지만, 할머니 무르팍에 옹기종기 모여 그 이야기를 듣는 우리는 그때마다 배꼽을 잡고 웃었다. 지금 생각해 보면 뭐 그리 웃을 이야기도 아닌 것 같은데 어릴 적에는 그렇게 재미있었던 기억이 난다. 이 이야기 때문인지 방정맞은 뽕나무에 비해 참나무에 대한 이미지는 성인군자 같은 점잖고 듬직함이 있어 좋았다.

참나무는 떡갈나무, 도토리나무, 상수리나무라고도 불린다. 그 열매인 도토리는 가을 등산길에서 쉽게 볼 수 있고 묵으로 만들어 먹기도 한다. 무심코 지나쳤지만 이렇게 참나무는 우리에게 꽤 익숙하고 친근한 나무다.

　우리에게 점잖고 유용한 참나무가 《장자》의 '인간세' 편에서는 쓸모없는 나무로 묘사되어 있다. 상수리나무는 배를 만들면 가라앉고, 관(棺)이나 곽(槨)을 만들면 잘 썩고, 좀이 먹고 잘 갈라져 가구나 큰 재목으로는 쓰지 못하고 그냥 별 볼 일 없는 잡목으로만 쓰인다고 한다. 이렇게 쓸모없는 잡목인 까닭에 상수리나무는 사람들의 눈길에서 벗어나 오랜 시간 동안 무탈하게 양생할 수 있었다. 그야말로 쓸모없는 것이 쓸모 있게 된 격이다.

　이 쓸모없는 상수리나무는 쓸모없는 탓에 크고 우람하게 자라 토지신을 모시는 사당에 심어져 사당을 지키는 역사수의 역할을 하기도 한다. 또한, 상수리나무는 불에 잘 견디는 특성으로 산불 예방뿐만 아니라 화재복구를 위해 심는 대표적인 내화 수종이다. 어느 모로 봐도 상수리나무가 쓸모없는 나무라고 하는 건 이해하기 어려운데 장자는 상수리나무가 쓸모없는 나무였기 때문에 양생할 수 있었다고 주장한다.

　우리는 '쓸모없음'에 대해 지나치게 스트레스를 받거나 강박관념을 가지고 있다. 항상 '쓸모있는 사람'과 '쓸모없는 놈'으로 평가되기도 하고 그에 따라 칭찬과 보상이 따른다. 그러한 평가의 잣대는 누구를 기준으로, 무엇을 기준으로 이루어지는 것일까. 내 마음에 들지 않거나 사회적 요구에 부합되지 않으면 우리는 단숨에 '쓸모없음'으로 판정해 버린다. 그것이 다른 곳에서 굉장히 중요한 '쓸모있는' 것으로 그 역할을 다할 것이라는 기대나 생각은 애초에 없다. 이러한 선입견과 편견 때문에, 늘 '쓸모있는 인간'이 되려고 끊임없이 노력한다.

우리는 '굵고 짧게' 또는 '가늘고 길게' 사는 인생 중에 어느 것을 택할 것인가 하는 질문을 자주 받는다. 두 개의 갈림길에서 언제나 고민하게 만든다. '굵고 길게' 살면 좋겠지만 질문에서는 항상 그 항목이 빠져 있어 매번 고민하게 만든다. 요즘은 직장에서도 마찬가지다. 승진을 빨리하면 좋기도 하지만 그만큼 퇴사해야 하는 시기도 빨라진다고 한다. 그런 이유로 젊은 나이에 승진을 빨리하는 것이 동료들의 부러움을 사기도 하지만 고지가 눈앞에 다다랐으니 반드시 좋은 것만은 아닐 것이다.

또 한편으로 자신들의 쓸모 때문에 스스로 자신의 삶을 괴롭히는 불행한 존재가 되기도 한다. 그 질문에 어떤 이는 '굵고 짧게' 사는 것이 좋다고 하고, 또 어떤 이는 '가늘고 길게' 사는 것이 좋다고 한다. 본인의 성격과 취향대로 각자 만족하면서 자신의 삶을 선택하는 것이다.

《장자》의 '인간세' 편에 따르면 잘난 척하지 말고, 상수리나무처럼 '가늘고 길게' 오래 사는 것이 정답인 듯하다. 하지만 장자의 사상은 옳고 그름을 분명하게 선을 그어 판단하지는 않는다. 쓸모없어야 오래 산다는 장자의 뜻은 필연코 쓸모없는 인간으로 살라는 뜻은 아닐

깃이다. 어느 깃이 좋고 나쁨의 문제가 아니다. 모두를 인정하는 것이다.

가래나무, 잣나무, 뽕나무는 사람들에게 유용하게 쓰이고 사랑받는 나무로 자라지만 일찍 잘려나가고 열매를 잃어버려 천수를 누리기 어렵다. 반면에 상수리나무는 비록 쓸모없는 나무로 사람들에게 인정받고 받아들여지지 않았지만, 그로 인해 오랫동안 살아남아 우람하고 아름다운 나무로 양생할 수 있었다. 양생함으로써 역사수로 또 다른 가치 있는 삶을 살게 된 것이다.

이는 존재의 유용성을 떠나 삶의 근본 가치를 깨닫고 모든 생명체와 각자의 생각을 존중하고 귀히 여기라는 뜻이 아닐까 싶다. 간혹 자기주장이 너무 강해 다른 사람들의 생각은 전혀 받아들이지 않고 논쟁을 일으키는 사람들이 있다. 내 주장이 정당하고 옳다 하더라도 상대방의 입장을 다시 한번 생각하고 인정한다면 세상은 좀 더 너그럽고 삶은 더욱더 풍요로워질 것이다.

인간 세상의 크고 작은 일들로 서로 다투고 아옹다옹하며 살지 말고, 사소한 것에 집착하지 말고, 크고 너른 마음으로 세상을 바라보라는 것이 장자의 깊은 뜻이라 생각한다. 인간의 가치를 유용성에 너무 무게를 두게 되면 가장 중요한 생명의 가치를 잊어버릴 수 있음을 잊지 말아야 할 것이다.

이번 주말에는 종로에 있는 사직공원에 가서 상수리나무를 찾아봐야겠다. 오랜 세월 묵묵하게 사직단을 지켜온 상수리나무는 장자에게 무슨 말을 하고 싶었을까. 그리고 우리에게는 또 무슨 이야기를 들려줄까. 삼자대면하여 장자의 상수리나무 교훈을 다시 한번 생각해 보려 한다.

공깃돌 다섯 알

서른 셋까지 힘들었고
서른 넷서부터 서서히 지금까지
내 힘, 마음, 노력으로 딸 셋이랑 살아온 게 감사해요.
이 정도 쓸 수 있었던 게 영광이야.
90년 동안 나를 이끌어주신 하느님의 뜻이다. 모든 게.

90세가 넘은 어느 할머니의 일기장에 쓰인 글이다. 나이 90이 되어서야 글이라는 걸 처음 배우게 되었다. 세월과 함께 묻혀 지나갔던 하루하루를 비로소 할머니는 일기장에 풀어놓았다.

일기장에는 〈내 손〉이라는 제목의 글과 함께 그 옆에는 얼핏 보아도 오랜 세월을 살아온 할머니의 손이 그려져 있다. 그려진 손이 왼손인 것으로 보아 아마도 할머니는 자신의 손을 펴놓고 하나하나 보면서 그린 것 같다. 깊게 팬 손등의 거친 주름은 굵은 선으로 또렷이 그리고, 그 위에 짙은 청록색의 색연필로 오랜 세월의 흔적을 진하게 칠했다. 다섯 손가락 마디마디에는 옹이가 박혀 있다. 유난히 길고 예쁜 네 번째 손가락에는 할머니의 결혼반지일 것 같은 쌍가락지가 끼워져 있다. 퇴색된 듯 연갈색으로 칠해진 쌍가락지엔 할머니의 삶이 담겨 있다. 초등학교 들어갔을 때 처음 그림일기를 쓰던 긴장감과 의기양양했던 기억이 다시 살아났다.

한 장의 사진이 카카오톡 단체방에 올라왔다. 알록달록한 천으로 만든 복주머니와 공깃돌 다섯 알이었다. 공깃돌이 참 예쁘다는 생각이 미처 사라지기도 전에 카카오톡에 올라온 또 한 장의 사진은 〈내 손〉이란 시와 함께 할머니의 손이 그려진 일기장이었다.

일기장의 주인인 할머니가 바로 공깃돌을 만든 주인공이다. 시집가는 새색시마냥 고운 복주머니의 자태와 색동옷 입은 공깃돌이 매우 사랑스럽다. 한 땀 한 땀 손바느질로 만든 공깃돌은 재봉틀로 박은 것처럼 반듯하지도 않고, 바느질 땀의 간격도 일정하지 않아 서툴지만 꼼꼼하고 정성을 다해 만든 것임을 알 수 있었다.

평생교육원에서 같이 공부하는 학우는 일주일에 한 번 수업을 받으러 속초와 서울을 오간다. 속초에서 독거노인들을 보살피는 봉사를 하는 학우는 할머니를 '벗'이라고 부른다. 공부하러 서울 간다는 학우에게 오늘 반드시 오겠다는 약조를 받고는 할머니 '벗'이 공깃돌을 선물로 주었다고 한다. 아름다운 우정의 징표가 된 귀한 공깃돌이다.

우리는 학우가 가지고 온 공깃돌을 이리저리 굴려보고 손등에도 올려보며 그동안 잊고 있었던 공기놀이를 기억해 냈다. 어릴 적 공기놀이를 할 때는 둥글고 작은 돌을 주워 모아 놀았다. 이렇게 천으로 만든 공깃돌은 가끔 할머니들이 손녀들을 위해 자투리 조각 천을 모아 두었다가 어두운 눈으로 한 땀 한 땀 손바느질로 귀히 만들어 주기도 했다. 그러나 손이 많이 가는 일이라 그리 흔하지는 않았다.

 공기놀이는 여자아이들이 다섯 개의 작고 둥근 돌을 던지고 집으며 노는 놀이다. 어릴 적 내 주머니에도 항상 공깃돌 다섯 알이 들어 있었고 그 다섯 알만 있으면 하루 종일 놀 수도 있었다. 해질 때까지 골목길에 쪼그리고 앉아 어두워지는지도 모르고 친구들과 공기놀이를 하다가 식구들 손에 잡혀 집으로 끌려 들어간 적이 한두 번이 아니었다. 새까매진 조막손에는 끝까지 공깃돌을 움켜쥐고 아쉬움 가득 찬 눈으로 친구들을 뒤돌아보았던 기억이 아직도 생생하다. "공기 받으면 가뭄이 든다"는 속담이 있는 것을 보면 공기놀이가 얼마나 재미있는 놀이인지 짐작하게 한다. 농경사회에서 공기놀이에 빠져 일을 게을리할 것을 우려하는 경고의 메시지인 듯하다.

 공기놀이는 공기 다섯 알을 바닥에 던져 흩어 놓고, 그중 한 알을 위로 던지면서 그 알이 떨어지기 전에 밑에 있는 공깃돌을 집고, 재빠르게 다시 위로 던져 올린 알을 손으로 받아야 한다. 처음에는 한 개, 그다음에는 두 개, 세 개를 한꺼번에 집어 올려야 한다. 마지막에는 다섯 알을 모두 손등에 올린 후 공깃돌을 하나도 떨어뜨리지 않고 공중으로 날려 잡아채면 그 개수만큼 점수를 준다. 그 기술이 생각만큼 쉽지 않다. 기술이 점차 좋아지면 조금씩 난도를 높여가며 다양하게 놀이를 한다. 하루 종일 바닥을 긁으며 공깃돌을 던지고 집어 올리며 놀다 보면 손가락이 바닥에 긁혀 피가 나기도 하지만 공기놀이 재미에 그 정도쯤은 아랑곳하지 않는다.

 할머니의 공깃돌은 빨강, 노랑, 파랑의 예쁜 천으로 만들어졌다. 공깃돌을 만지작거리던 누군가가 '이 속에 든 것이 뭘까? 돌이야 콩이야?' 하고 물었다. 옆에 있던 친구가 '할머니 마음'이라고 나지막이 말하자 일제히 서로 눈을 쳐다보며 '아하' 하고 미소를 지었다. 할머니는 공깃돌을 만들면서 삶에 대한 의욕을 얻었단다. 나이 들어 쓸모없는 인간이라는 생각으로 생의 의미가 희석되어질 때 공깃돌을 만드는 일은 할머니에게 가장 의미 있는 일상이 되었다. 필요한 사람에겐 팔기도 하고 누군가에겐 선물로 주기도 한다.

 90세 된 할머니의 회색빛 삶이 알록달록 밝고 예쁜 색으로 바뀌었다. 어린 시절, 주머니에 손만 넣으면 만지작거려지던 작은 공깃돌이 오랜 세월의 흔적을 고스란히 안고 희망이라는 알갱이가 되어 다시 하늘로 난다. 세상의 관심과 벗들에 대한 감사의 마음으로 알알이 속을 꽉 채운 공깃돌 다섯 알은 할머니의 사랑이 되어 공중으로 높이 올라가고 다시 어릴 적 추억이 되어 내 손등에서 춤을 춘다.

숲

집에서 멀지 않은 곳에 길고 짧은 몇 개의 등산로가 있다. 그러나 춥고 덥고 힘들다는 이유로 산에 오르는 것을 별로 좋아하지 않았다. 지금껏 잔병치레는 가끔 하지만 큰 병 없이 살아왔다. 어쩌다 몸에서 보내오는 신호가 점점 크게 느껴질 때, 숲을 찾기 시작했다. 짙푸른 녹색 숲으로 들어가면 초목들 사이에서 뿜어 나오는 맑고 건강한 기운으로 불안했던 심신이 편안해지기 때문이다.

얼마 전, 오랜만에 지인 몇 분과 대학로에서 연극 '숲'을 보았다. '극단 후암'의 창작연극으로 출연자는 주인공인 40대의 정은비와 그녀의 20대와 30대 역할을 하는 배우 두 사람으로 구성되었다. 정은비라는 한 여인의 인생을 들여다보면서 우리는 그녀의 숲으로 들어갔다.

주인공은 피아니스트 어머니의 뜻에 따라 피아노를 전공했다. 그러나 어머니의 기대에 미치지 못해 좌절하고 갈등하는 그녀의 어린 시절은 우리 모두의 지나간 시간이었다. 그녀는 불의의 사고로 발레리

나의 꿈도 버렸다. 그러나 다시 일어나 뮤지컬 배우 지망생에 도전하지만, 그녀의 삶은 한 남자와의 잘못된 사랑으로 다시 또 잿빛 인생이 되고 만다. 부유했던 20대의 어린 시절을 회상하는 것은 그녀의 삶을 지탱하는 마지막 힘이 되었다. 40이 넘어서야 그녀는 자신의 인생을 돌아보게 되었고 자신의 성장 스토리를 담은 원고를 출판사에 넘기면서 연극은 마무리된다.

베토벤의 피아노 소나타 '비창'이 실제로 피아노를 전공한 주인공에 의해 연주되었다. 잔잔하게 흐르는 피아노 선율을 따라 관객들은 그녀가, 그리고 베토벤이 이끄는 아름다운 숲으로 들어갔다. 음악이 끝나는 순간 주인공은 자신의 상처와 불운한 과거를 모두 떨쳐 버렸다.

눈을 뜨니 숲속에서 힐링하는 기분이었다. 우리가 좋아하는 피아노 소나타 '비창'은 베토벤이 20대 말기에 쓴 '슬픈 노래'이다. 그는 왜 가장 행복했을 것 같은 젊은 시기에 이토록 슬픈 곡을 작곡하였을까.

베토벤은 알코올 중독자인 아버지에게 어린 시절 갖은 폭력과 술주정을 당하며 피아노와 바이올린을 배웠다. 알코올 중독자인 아버지에게 시달린 어머니는 베토벤 나이 17세에 폐결핵으로 사망했다. 늘 아버지에 대한 공포와 학대로 보낸 어린 시절의 트라우마가 그의 성장 과정에서 괴팍한 성격으로 나타난 것은 그리 이상할 것도 없는 일이다. 베토벤이 비창을 작곡하기 시작하였을 때 그는 이미 청각장애의 징후를 느끼기 시작했다.

연극은 주인공 정은비의 인생을 암시하듯, 어린 시절의 불운을 딛고 예술가로 거듭난 베토벤의 비창 위에 그녀의 성장 스토리를 얹었다. 베토벤의 비창이 자신의 마음을 어루만져 주리라 믿고 위안을 받았을 것이다. 삶의 아픔을 목구멍 깊이 소리 없이 삼키듯 잔잔하고 가녀린 피아노 선율은 주인공 정은비의 인생을 대변이라도 하듯 가슴 깊이 아려왔다.

마지막으로 배우는 관중들에게 여러분의 숲은 어떤 숲이었는지 질문을 던졌다. 또 앞으로 그 숲을 어떻게 가꾸어 나갈지, 후에 그 숲을 함께 보고 싶다는 의미 깊은 마무리로 연극의 막을 내렸다.

누구나 자신의 숲이 있다. 숲의 모든 나무가 멋지고 아름다워 보이지만 실상 자세히 들여다보면 그렇지만도 않다. 그 숲에는 무성하게 잘 자란 거목이 있는가 하면 그 옆에서 말라비틀어진 보잘것없는 나무도 있다. 크고 작은 나무들과 멋지고 볼품없는 나무들이 서로 어울려 큰 숲을 이루어서 아름답게 보일 뿐이다.

인생은 숲과 같다. 한 그루 한 그루의 나무들은 마치 인생의 퍼즐 조각처럼 서로를 껴안는다. 그 조각들을 맞추어 하나의 그림을 완성하듯 숲을 가꾸어 나가는 것이다. 불현듯 내 인생의 숲은 어떤 숲일까 궁금했다. 제법 울창한 그 숲에는 올곧고 멋지게 뻗은 나무도 있고, 실패와 과오로 아픈 나무도 있다. 약하고 보잘것없는 나무들을 밀어내고 내 자리만 독식하는 교만의 나무도 있고, 오랜 시간 묵묵히 뿌리를 내리고 숲을 지탱해 온 성찰의 나무도 있다.

공자는 《논어》에서 나이 오십을 지천명(知天命)이라고 했다. 비로소 하늘의 뜻을 알고 세상의 이치를 깨닫는 때라는 말이다. 공자가 평생 존경했던 위나라 거백옥은 50세가 되자 비로소 인생을 돌아보고 '지난 49년의 인생이 잘못된 줄을 알았다.(五十而知四十九年之非)'고 말했다. 50세를 지칭하는 '지비(知非)'라는 말은 여기에서 유래됐다. 50세가 되어 비로소 하늘의 뜻을 이해하고, 49년 인생의 잘못됨을 반성하고 꾸준히 변화했다고 하니 참으로 고개가 숙어진다.

이제 다시 그 숲을 들여다보고 내 인생의 멋진 숲을 가꾸어 볼 터이다. 거백옥은 60세가 되어 60번 변화했다고 하지 않았는가. 위로 뻗은 나무는 멋지지만, 그늘이 없다. 변하고 또 변하여, 어떻게든 혼자만 살려고 하늘만 보고 뻗어나가는 이기(利己)의 숲이 아니라, 남들에게도 치유와 안식의 그늘을 기꺼이 내어 줄 수 있는 멋진 숲을 떠올려 본다.

초록빛 가득한 등산로에서 평소에 보지 못했던 작은 나무 하나가 눈에 들어왔다. 그 위에 내 마음을 살포시 얹는다.

보이지 않는 명함

　뜨거운 여름을 어떻게 보낼까 고민하다 여행을 떠나기로 했다. 참가비는 무료이고, 세계적으로 유명한 작가들과 함께 떠난다니 마다할 이유가 없었다. 출발은 부천 해밀도서관에서 50여 명의 참가자와 함께 떠난다.
　'세계 문호들과 함께 떠나는 인생 철학 여행'
　여름 특강으로 떠나는 이 여행은 10회에 걸쳐 《그리스인 조르바》부터 셰익스피어의 《햄릿》, 데이비드 소로우의 《월든》, 생텍쥐페리의 《인간의 대지》 등 세계의 유명 문호들과 그들이 아끼고 사랑하는 주인공들을 만나고 오는 일정이다. 평일이지만 이른 아침 시간에 서울에서 부천까지 차로 한 시간 반이나 달려가는 것이 부담스러웠다. 그러나 《그리스인 조르바》의 카잔차키스를 만나고, 생텍쥐페리가 그의 작품 《인간의 대지》에 대한 숨은 얘기를 들려준다니 한여름 무료하게 늘어져 있을 나로서는 시원한 아메리카노 한 잔을 받아든 기분이었다.

선착순 50명 정원이라는 공지에 서둘러 인터넷 신청을 하고 기다렸다. 인기 강좌라 신청은 일찍 마감되었고, 첫 수업에서 30여 명의 여행자들이 상기된 표정으로 강의실을 꽉 채웠다. 무료강좌라 부담 없이 편안한 분위기에서 여행은 시작되었다. 나 또한 몇 번 빠져도 손해는 아니겠다는 안이한 생각으로 무료여행 길에 올랐다.

해밀도서관은 시각장애인을 위한 도서관이다. 도서관에는 시각장애인을 위한 점자도서들이 비치되어 있다. 점자도서가 익숙하지 않은 시각장애인들을 위해서는 녹음도서, '보이스브레일도서'라는 것도 있다. 점자도서나 녹음도서는 들어서 익숙한데 보이스브레일도서라는 것은 생소했다. 궁금해서 찾아보니 보이스브레일도서는 컴퓨터 화면상에 표시된 점자를 다시 텍스트 파일로 역변환하고 변환된 텍스트를 스피커를 통해 음성으로 들을 수 있도록 만든 목소리 점자도서라고 한다. 다른 자료실에는 큰 글자책 코너도 있고, 시각장애인들의 독서를 도와주는 독서 보조기도 준비되어 있다. 부득이 도서관에 올 수 없는 경우에는 책나래 서비스로 집에서 책을 받아 볼 수도 있다.

'해밀'이라는 말이 너무 예뻐 찾아보니 '비 온 뒤 맑게 갠 하늘'이라는 순우리말이라고 한다. 뜻을 알고 보니 시각장애인들과 함께하는 해밀도서관의 마음이 무지개처럼 빛나고 아름답게 다가왔.

해밀도서관의 여름 강좌는 총 10회로 세계 명작을 통해 우리 인생을 돌아보고 자신의 내면과 진정한 삶의 행복을 찾아보는 시간이었다. '인생 철학'이라는 단어 때문인지 함께 떠나는 여행자들은 대부분 50대를 훌쩍 넘긴 분들이 많았고 젊은 여행자들도 다소 보였다.

처음 강의실에 들어서는 날, 강의실이 시끌벅적했다. 앞이 잘 안 보여 지팡이를 짚고 있는 분도 있고, 큰소리로 목청을 높이시는 분들도 있어 도대체 이게 뭔가 당황스럽고 의아했다. 나중에 알고 보니 그분들은 시각과 청각에 불편함이 있는 분들로 이 도서관에서는 꽤 알려진 열성 회원들이었다. 청각이 약해서 목소리가 높아지는데 화가 나 소리를 지르는 것으로 오해해 미안한 마음이 들었다. 처음에는 해밀도서관의 특성을 잘 몰라 이런 광경이 너무 낯설어 당황스러웠고 과연 이 여행이 목적지까지 제대로 갈 수나 있을까 걱정스러웠다. 이렇게 출발부터 시끌벅적하게 우리의 여름 여행은 시작되었다.

우리 여행팀에는 여러 명의 시각장애자 분들이 있었다. 가장 연장자로 보이는 할아버지 한 분은 항상 가족인 듯 보이는 분의 도움을 받으며 강의실에 들어왔다. 지팡이를 짚고 몸도 제대로 가누지 못했다. 주위 분들의 얘기에 의하면 구십이 넘었다고 한다. 처음에는 몸도 불편한 분이 뭐 하러 여기까지 오시나, 무료한 시간을 보내기 위해 오는 거라면 더 재미있는 강좌들도 많을 텐데 하필 이 재미없는 인문학 강의라니 걱정스럽기도 의아하기도 했다.

할아버지 여행자는 강의를 듣는지 마는지 알 수 없는 무표정함으로 시간 내내 머리를 푹 숙이고 있었다. 맨 앞자리에 앉아 고개만 숙이고 있었기 때문에 자꾸 눈길이 가고 신경이 쓰였다. 간간이 소리가 잘 안 들리는지 손에 든 지팡이를 귀에 대고 소리를 모으기도 했다. '아, 듣고 계시는구나.' 그 모습이 너무 진지하여 처음 우려의 눈길로 보았던 나의 시선이 점점 부끄럽게 느껴졌다. 불편한 몸으로도 시각장애가 있음을 인지하지 못할 정도로 매일 열중해서 듣는 모습에 시간이 갈수록 머리가 숙어졌다.

도서관 복도 게시판에 붙어 있는 한 장의 광고 게시물에 눈길이 갔다. '보이지 않는 명함'이라고 적혀 있었다. 신기한 생각으로 읽어 내려가던 나는 그것이 시각장애인을 위한 점자 명함임을 알았다. 현대 사회는 자기 PR 시대다. 자신이 누구인지 더 명확하고 확실하게 알리기 위해 온갖 아이디어와 세련된 디자인으로 명함을 꾸민다. 그런데 내가 받은 명함에 아무것도 보이지 않는다면 꽤 당황스러울 것이다. 보이지 않는 명함은 나를 위한 명함이 아니라 상대방을 위한 배려였다. 내가 누군지 일부러 보여주지 않아도, 요란하게 치장하지 않아도 그 명함을 받는 누군가는 마음으로 그리고 손끝의 작은 움직임으로 상대방을 알아본다.

여섯 개의 작은 점자가 만들어내는 세상은 커다란 우주를 품에 껴안았고 인간에 대한 배려와 겸허함을 함께했다. 그들과 함께 여행할 수 있음에 감사했다. 이제 누군가가 '보이지 않는 명함'을 내밀어도 당황하지 않을 것 같다. 하얀 백지 위에 아무것도 보이지 않아도 최소한 그들의 순수한 마음은 읽어 낼 수 있으리라.

무료여행이라고 몇 번 빠질 요량으로 만만하게 탑승했던 나의 이번 여행은 무사히 마지막 목적지에 안착했다. 부득이한 사유로 단 한 번 빠지기는 했지만, 불편한 몸에도 끝까지 동행한 열성 여행자들에 대한 존경심으로 노선이탈 없이 끝까지 함께 할 수 있었다. 유난히 더위가 길었던 올해 나의 여름은 한줄기 소나기가 지나간 것처럼 그 어느 해보다도 시원했다.

둥지 찾아 나는 새

아침부터 전화벨 소리가 시끄럽다. 부동산 중개소에서 걸려온 전화인 듯하다. 곧 찬란한 5월의 신부가 될 딸은 몇 달 동안 신혼집을 구하러 다니고 있다. 그런데 오늘은 뭔가 대화가 심상찮다. 얼굴이 붉어지면서 곧 울음이 터질 기색이다.

어제는 늦게 들어오면서 드디어 마음에 드는 집을 구했다고 좋아했다. 핸드폰으로 찍은 아파트 내부 사진을 보여주며 의기양양했다. 건축한 지 20년이 훌쩍 넘은 아파트지만 내부 수리를 했는지 깨끗해 보였다. 딸은 그 집을 계약하기로 했다면서 환하게 웃었다. 그런데 아침에 다른 부동산 중개소에서 벌써 그 집을 계약해버렸다는 연락이 왔다. 급기야 닭똥 같은 눈물을 흘리며 울음을 터뜨렸다.

결혼 날짜를 정하고 딸은 여기저기 신혼집을 보러 다녔지만, 맘에 드는 집을 구하기가 쉽지 않았다. 집이 마음에 들면 환경이 좋지 않고, 위치가 좋으면 터무니없이 비쌌다.

신혼살림을 차릴 집이라 나 또한 여간 신경이 쓰이지 않았다. 관여하고 싶었지만 내색히지 않았다. 예전 같았으면 '집' 소리가 나오기도 전에 먼저 나서서 검색하고 부동산 중개소를 돌아다녔을 것이다. 그리고 몇 개를 추리고 정리하여 딸과 예비 사위 앞에 보란 듯이 내놓았을 것이다.

언제나 '시간이 없으니 일단 먼저'라는 생각으로 살았다. 자식들에게 번거롭고 힘들게 물고기를 잡는 방법을 가르치기보다 성질 급한 내가 먼저 물고기를 잡아 버렸다. 그렇게 하는 것이 자식을 도와주고, 조금이라도 고생을 덜어주는 일이라 생각했다. 집 구하는 것도 마찬가지다. 무엇보다도 집을 직접 구해 보는 것이 처음이고 부동산 중개소라는 곳도 그들에게 생소한 곳이어서 애들에게만 맡기는 것이 영 미덥지 못하다는 이유가 더 컸을 것이다.

그러나 이번에는 달랐다. 지금까지 부모 품에서 온기만 느끼며 살아온 아이들이다. 결혼이라는 새로운 세상 밖으로 내보내기 위해서는 인고의 담금질이 필요했다. 그러려면 먼저 나 자신이 변해야 했다.

태어나면서 자른 탯줄은 엄마와 아기를 육체적으로 떼어 놓았다. 그러나 지금까지 나는 그 줄을 놓지 못하고 끝까지 움켜잡고 있음을 알았다. 아이들을 위한 생명줄이라고 생각하며 내 품으로 당기고 끌어안았지만, 사랑이라는 이름의 그 질긴 끈은 오히려 아이들을 나약하게 만들었다. 인형을 움직이는 마리오네트의 줄처럼 아이들을 내 뜻대로 움직이려고 한 어리석은 집착이었음을 인정해야 했다.

집을 어디로, 어떻게 구해야 할지 모르겠다며 계속 물어오는 딸에게 오빠와 잘 상의해서 하라는 말만 했다. 그 말에 엄마의 태도가 평소와 달라 다소 의아했는지 아니면 섭섭했는지 딸은 알겠다고 하고 같이 집을 보러 다니자고 더는 조르지 않았다.

상황변화에 당황한 건 나도 마찬가지다. 내색은 하지 않았지만 그런 딸의 태도가 내심 섭섭했다. 비록 내가 그렇게 얘기했다 하더라도 예전같이 도와달라고 조르거나 '엄마 없으면 안 된다.'라며 응석 아닌 응석을 부렸을 법한데 매정하게 자르다니. 엄마의 존재가 점점 오그라드는 것 같아 마음이 허하고 조금은 서운했지만, 평소 딸의 마음을 누구보다 잘 알기에 오히려 그런 딸이 짠하여 가슴 한쪽이 저려왔다. 최근 들어 건강이 좋지 않은 엄마를 힘들게 하지 않으려는 속 깊은 생각이었음을 말하지 않아도 나는 안다. 나는 엄마니까.

딸의 좌충우돌 집 구하기는 시작되었다. 날짜가 가면서 집 구하는 게 이렇게 힘들고 복잡한 일인지 몰랐다며 점점 울상이 되었다.

딸은 부동산 중개소에서 담당자와 대화할 때 최대한 초짜 티를 내지 않기 위해 나름대로 노력했지만 자신 없는 눈빛에 구사하는 용어만 들어봐도 누가 봐도 딱 초짜. 집을 보러 가서는 재빠르게 동영상을 찍어 보내주고 엄마의 반응을 기다렸다. '이건 좋다. 이건 안 된다.' 엄마의 원격조종과 비대면 수업 같은 화상통화로 딸은 현장에서 하나하나 세상을 배워 나갔다.

이렇게 몇 달을 힘들게 돌아다니다가 겨우 마음을 정한 그 집은 딸아이를 들뜨게 했고, 스스로 뭔가를 해낸 뿌듯함에 한껏 마음이 들떠 있었다. 그러나 밤새 안녕이라고 했던가. 불과 24시간도 채 되기 전에 그동안 공들인 시간과 노력이 한순간에 물거품이 되어버렸다. 딸은 부동산 중개소에 전화를 걸어 따지기도 하고 사정도 해 보았지만 이미 계약은 끝났고 딸이 봤던 그 집은 한여름 밤의 꿈처럼 사라져 버렸다.

허탈한 마음으로 울상이 되어버린 딸을 보고 있던 남편이 옆에서 위로의 말을 건넨다.

"세상에 공짜는 없으며 싸고 좋은 것도 없어."

싸고 좋은 것들도 많다고 반기를 드는 딸에게 남편은 세상은 공평하여, 모든 것은 그 값만큼 하는 것이라 했다. 비록 그 집은 날아갔지만, 그동안 공들이고 노력한 만큼 더 많은 것들을 배우지 않았냐고 웃어 주었다. 세상은 공평하여 덕 볼 일도 더 손해 볼 일도 없다는 것으로, 남편은 살아오면서 깨우친 세상의 이치를 펼쳤다.

우리는 집을 구하는 것이 결혼하기보다 더 어렵다고 농담을 늘어놓았다. 비록 처음이라 실패는 했지만, 딸은 그동안 돌아다닌 걸음 수만큼 하나하나 세상을 배워 나갔다. 행복을 찾아 더 멀리, 더 높이 날아가기 위해 자신들만의 둥지를 스스로 마련한 애들이 대견스러웠다.

마침내 그들은 창공으로 훨훨 멋지게 비상했다.

오순진

osjinzz@hanmail.net

망부가(望父歌)
산골 처녀의 유리구두
양재천 연가
어떤 기도

삶이 때로 계획과는 다른 길로 데려가는 것처럼 보이지만 그 길이 우리 가슴이 원하는 길이라고 했다. 지름길을 두고 너무 멀리 돌았다고 생각했다. 전혀 다른 길로 가고 있다고 생각했다. 가지 못한 길에 대한 미련으로 뒤돌아보니 쿽쿽 슬로 슬로 지그재그 나름 즐겁게 가슴이 원하는 길로 가고 있었다.

삶의 혼돈 속에서 붙잡은 거미줄 한 가닥이 삶을 지탱하는 지주목이 될 줄이야. 올해도 여지없이 사랑에 빠져 잉태를 하고 출산을 기다리고 있다. 나에게는 셋째 아이다. 출산의 기쁨에 갈수록 내 스스로가 대견하고 사랑스럽다. 셋째의 진통이 시작도 하기 전에 넷째의 잉태를 기다리며 가슴 설렌다.

함께 가는 길동무 문우들에게 감사해하며 다둥이를 꿈꾼다.

2021년《수필과비평》등단
산들문학회 회원
공저《어머니의 유일한 노래》,《함께 가는 낯선 길》

망부가(望父歌)

 차창 밖으로 스쳐 지나가는 풍경에 가을빛이 완연하다. 한창 영글기 시작한 벼 이삭이 싱그럽다. 나는 이맘때쯤의 들판 색이 좋다. 노란 벼 이삭과 싱싱한 잎사귀의 초록색이 어우러져 바람에 일렁이는 들판을 보면 가슴이 뛴다. 야무지게 익는 벼 이삭들을 보면, 옹골차게 속이 여물어져 가는 올곧은 젊은이들의 기개를 보는 것 같아 환희를 느낀다.
 가을 수확의 기쁨을 누리기 위해서는 얼마나 많은 땀과 정성을 쏟아부어야 하는지 나는 안다.
 어린 시절 아버지는 뜨거운 여름 내내 논바닥에 엎드려 살았다. 땀에 전 무명 중의 적삼이 등허리에 찰싹 달라붙어 등골이 훤히 드러났다. 가뭄이 들어 논바닥이 쩍쩍 갈라지면 아버지의 가슴도 타들어 갔다. 장마가 길어지면 논두렁 무너질 걱정에 아버지의 가슴도 무너져 내렸다. 태풍이라도 지나가면 제 무게를 이기지 못해 논바닥에 누운 벼를 일으켜 세우느라 벼에 쓸린 가슴팍과 팔다리는 벌겋게 부풀어

올랐다.

 장마도 가뭄도 무사히 치르고 뜸부기 울어대는 들판 한가운데 서서, 무거워 고개 숙인 벼 이삭을 흐뭇하게 바라보던 석양 속의 아버지 모습을 잊을 수가 없다.

 내겐 아버지와의 추억이 많지 않다. 아버지는 말이 없고 엄했다. 마을에서도 말이 없고 예의 바른 사람이었다. 그 시절엔 자식 자랑을 하거나 제 자식만 챙기면 점잖지 못한 사람 취급을 받았다. 우리 형제들에게 예의 바르고 겸손한 사람이 되어야 한다며, 위엄과 체통을 중요시하던 아버지는 늘 어려웠다.

 서너 살쯤의 기억으로 가끔 아버지 등에 업혀 이른 새벽 어딘가를 다녀왔다.

 그 기억을 엄마에게 물어본 적이 있다. 체통을 중시하던 아버지가 왜 나를 업고 다녔는지. 어린 시절 나는 두드러기도 많이 나고 온몸이 부스럼투성이였다고 한다. 병원도 없고 약도 변변찮은 시골이기에 주사를 놀 줄 아는 돌팔이에게 항생제 주사를 맞으러 다닌 것이다. 해가 뜨기 전부터 일과가 시작되는 농촌에서 하루 일을 시작하기 전에 다녀와야 하기에 잠이 덜 깬 나를 들쳐 업고 갔단다. 주사를 맞고 아프다고 우는 내 손에 사탕이 들려 있던 기억도 있다.

 풀잎에 맺힌 이슬이 아침 햇살에 반짝이고, 잠이 덜 깬 개구리가 발소리에 놀라 뛰어오르며, 굴뚝마다 밥 짓는 연기가 모락모락 피어오르는 풍경 속을 아버지의 등에 업혀 다녔을 생각을 하면, 아버지의 따뜻한 체온과 시큼한 땀 냄새가 그리워 가슴이 울컥해진다.

도시에 있는 중학교에 가기 위해선 전학을 해야 한다는 오빠들의 강력한 주장으로 이십 리 길이나 떨어진 청주로 전학하던 날의 기억이 생생하다. 평소에는 말이 없고 감정 표현도 안 하던 아버지가 막내딸 전학 가는 길에 동행을 했다.

하얀 옥양목 두루마기에 중절모를 쓴 아버지와 두려움으로 잔뜩 겁에 질린 짧은 상고머리의 시골뜨기가 교실로 들어서는 순간 쏟아지던 시선과 킥킥거리던 웃음소리는 한동안 악몽에 시달리게 했다. 눈이 찢어져 올라가도록 끌어 올려 묶은 머리에 알록달록한 머리핀을 꽂고, 말쑥하게 양복을 빼입은 도시 아버지를 둔 아이들 눈에 우리 부녀의 모습은 신기하기만 했을 것이다. 두루마기 자락을 움켜쥐고 울먹이는 나를, 위로와 당부의 말 몇 마디와 함께 교실로 밀어 넣고 돌아서던 아버지. 이제야 안쓰럽고 허전했을 아버지의 심정을 알 것 같다.

아버지는 햇살이 하얗게 부서지고 들판엔 개망초가 흐드러지게 피던 여름날 먼 길을 떠났다. 아버지의 꽃상여는 하얗게 핀 개망초 꽃길을 따라 팔랑팔랑 춤추는 나비처럼 햇살 속으로 사라져갔다. 구슬퍼야 할 상여꾼의 소리도 어느 순간 경쾌한 행진곡으로 변하고 상여 뒤를 따르는 한 무리의 행렬도 나들이의 행렬로 바뀐 듯한 착각이 들었다. 가끔 아버지의 장례 행렬을 생각하면 개망초꽃 위로 팔랑팔랑 춤추는 하얀 나비의 잔상이 신비스러운 몽환의 꿈을 꾼다.

 어느 작가는 우리나라 온 천지 들판에 흐드러지게 핀 개망초가 육이오 전쟁 때 이름 없이 스러져간 수많은 젊은이들의 영혼일 것이라고 했다. 나는 가족에게 자신의 모든 것을 아낌없이 주고 떠난 이 세상 모든 아버지들의 영혼이란 생각이 든다. 개망초꽃 위를 팔랑거리는 하얀 나비는 아버지를 그리워하는 자식들이 부르는 노래가 떠도는 것이란 착각을 한다.

 초등학교 전학 이후로 아버지와 함께한 시간이 많지 않았다. 출가외인이라는 이유로, 멀리 떨어져 산다는 이유로, 모든 의무와 책임에서 한발 뒤로 빠져 있던 시간들이 아쉽고 후회스럽다.

 흐드러지게 핀 개망초꽃 위로 하얀 나비가 나풀거리는 여름날이면, 아버지의 등에 업혀 맡던 땀 냄새가 그리워 목 놓아 망부가를 부르고 싶어진다.

산골 처녀의 유리구두

 컴컴한 현관에 희미하게 반짝이는 빛이 보인다. 가까이 가니 센서 등이 켜지면서 반짝이는 물체가 더 화사하게 빛난다. 아침에 노치원으로 등원하는 시어머니를 따라갔어야 하는 금색 반짝이 신발이 오늘은 따라가지 않은 모양이다. 현관을 둘러보니 내 신발이 보이지 않는다. 당신 신발과 비슷한 모양이라 실수로 신고 가셨나 보다. 아동 사이즈를 겨우 벗어난 크기의 발로 대발이 신발을 질질 끌고 갔을 시어머니 모습에 나의 어린 시절이 오버랩되어 웃음이 난다.
 어린 시절 마루 한쪽 귀퉁이에 곱게 모셔져 있는 언니의 뾰족구두는 호기심과 부러움의 대상이었다. 라디오에서는 '빨간 구두 아가씨'와 '섬마을 선생님' 노래가 하루에도 수십 번씩 흘러나오던 시절이었다.
 어느 날 언니 몰래 뾰족구두에 살짝 발을 넣어봤다. 반짝반짝 광이 나는 구두 속은 매끄럽고 보드라웠다. 높은 굽 때문에 앞으로 쏠린 발은 뾰족한 앞부분에 고여 있다. 한발 두발 조심스럽고도 비밀스럽게 내디뎠다. 자그마한 발이 구두 안에서 제멋대로 미끄러진다. 높은 굽 때문에 엉거주춤하게 뒤로 뺀 엉덩이가 뒤뚱거릴 때마다, 양팔은 허공에서 허우적댔다.

그때 어디서 나타났는지 언니의 고함소리에 놀라 구두를 끌며 달아났다. 구두 속에서 제멋대로 미끄덩거리던 발이 중심을 잃고 발목이 접히며 앞으로 고꾸라졌다. 신발부터 벗으라는 언니의 고함은 울부짖음에 가까웠다. 언니한테 붙잡혀 흠씬 두들겨 맞았다. 어쩌다 맛있는 떡이나 사탕이 생기면 오빠들 몰래 막내인 나만 챙겨 주던 언니가 벌에 쏘인 황소처럼 식식거리며 화를 냈다. 언니의 이런 모습은 처음이어서 나는 울음소리도 내지 못했다.

높은 산이 병풍처럼 둘러쳐 하늘만 빼꼼한 마을에 들고 나는 이라고는, 외지로 출가하거나 외지에서 시집오는 새색시가 전부였던 시절. 그림 속의 풍경처럼 멈춰 있는 변함없는 일상에, 산골 처녀들은 기회만 있으면 일탈을 꿈꿨을 것이다.

읍내 극장에 재미있는 영화가 들어왔다는 소식이 바람결에 들려오면, 언니는 동네 친구들과 수시로 모여 소곤소곤 속닥속닥거리곤 했다. 일찌감치 저녁 설거지를 마친 언니와 동네 처녀들은 밤마실을 나섰다. 어른들 눈에 띌까 가슴 졸이며, 구름도 쉬어 갈 만큼 높은 앞산 고개를 넘어 영화를 보러 가곤 했다. 보는 이 없는 캄캄한 밤 나들이지만 언니는 검정색 무명 통치마와 흰 저고리 차림에 구두를 신었다.

자주 신을 기회가 없어 익숙하지 않은 구두를 신고 이십여 리 산길을 넘는 언니의 마음은, 유리구두를 신고 파티장으로 가는 신데렐라의 마음만큼이나 설레지 않았을까.

언니에게 구두는, 박제된 일상을 벗어나 미지의 세상으로 데려다주는 신데렐라의 호박마차였을 것이다. 집으로 돌아오는 내내 영화 속 여주인공이 되어 남자 주인공과 사랑에 빠지는 꿈을 꾸다 산마루턱에 올라 마을을 내려다보는 순간 언니의 마법은 스르르 풀렸을 것이다.

두들겨 맞던 손길이 그리워 전화를 걸었다. 신호음이 숨넘어갈 듯이 주인을 부르고 난 뒤에야 "나여, 더운데 잘 지내는겨?" 하는 더위에 지친 언니의 목소리가 들린다. 멀리 있는 자식들 걱정하지 않게 알아서 건강 잘 챙기라는 잔소리도 예사로 흘려버린다. 언제나 엄마 같은 언니의 부재는 생각만 해도 두렵다. 구부리고 신발 신는 것도 힘들어 편한 슬리퍼만 신는다며 모든 걸 초월한 듯한 언니에게 다시 한번 유리구두의 마법을 걸어 줄 수는 없을까.

잠시 어린 시절로 돌아가 고향 집에 모여 사는 꿈을 꿔본다. 그때는 내가 언니가 되어 이제까지 언니에게 받은 사랑에 이자를 붙여 돌려주고 싶다. 들로 산으로 다니며 나물 뜯고, 냇가에서 미꾸라지 잡고, 새뱅이도 잡을 테다. 호박잎 비벼 넣고 매운 고추 송송 썰어 얼큰한 매운탕 끓여 집 나간 언니의 입맛을 되찾아 주고 싶다.

여름밤이면 언니와 평상에 앉아 삶은 옥수수, 감자 먹으며 모깃불

연기 따라 머무는 시선 끝엔 은하수가 하늘 가득 반짝이겠지. 밤하늘을 가로지르며 떨어지는 별똥별에 왕자님 만나는 소원도 빌고 싶다. 은하수를 이불 삼아 풀벌레 소리 들으며 잠들던 그 시절을 다시 한번 꿈꾼다.

젊은 날의 행복했던 추억을 영원히 간직할 수 있도록 언니에게 풀리지 않는 마법의 유리 구두를 선물해주고 싶다. 삶이 무료하고 심심할 때마다 빛바랜 추억일망정 한 조각씩 꺼내 보며 행복한 미소를 짓는 언니를 상상해 본다.

양재천 연가

'산책을 하고 차를 마시고, 책을 보고 생각에 잠길 때, 요즘엔 뭔가 텅 빈 것 같아….'

'일상으로의 초대'라는 노랫말을 흥얼거리며 집을 나선다. 수그러들 줄 모르는 팬데믹으로 인해 친구를 만나 차를 마시고, 여행을 하며, 영화를 보고, 공연을 즐기는 삶의 즐거움이 사라진 요즘, 산책은 큰 위로가 된다.

집을 나서면 바로 양재천 산책로다. 오늘은 평상시 다니던 길이 아닌 탄천 쪽으로 방향을 틀었다. '모네의 연못'이라고 부르는 나만의 '시크릿 정원'을 가기 위해서다. 탄천과 양재천 냇물이 만나 한강으로 휘돌아 드는 물살에 의해 자연스레 깎여 들어온 웅덩이다. 주변엔 수양버들 가지가 늘어져 있고 어른 키보다 더 큰 억새에 둘러싸여 쉽게 눈에 띄지 않는 곳이다. 무성한 수초 사이로 자잘한 수련이 피면, 나는 모네의 그림 속 주인공 '양산을 든 여인'이 되곤 한다.

나만의 은밀한 시크릿 정원이 있는 탄천엔 삼천갑자를 살았다는 동방삭의 재미있는 전설이 있다.

　18만 년(삼천갑자)이나 장수를 누린 동방삭을 잡아 오라는 염라대왕의 명을 받은 저승사자는, 행색을 알지 못하는 동방삭을 꾀어내기 위해 냇물에서 숯을 씻었다. 냇물이 까맣게 되도록 숯을 씻는 이가 신기한 동방삭이 제 발로 걸어와 저승사자에게 연유를 물었다. 숯을 희게 하기 위해 씻고 있다고 하는 저승사자에게 삼천갑자를 살았어도 숯을 씻는 사람은 처음 본다며 어처구니없어 하자, 네놈이 동방삭이구나 하며 염라대왕에게 잡아다 바쳤다.

　호기심 때문에 삼천갑자의 긴 명줄을 끊긴 동방삭의 어리석음을 비웃으며, 탄천을 벗어나 학여울역에서부터 시작되는 메타세쿼이아 길로 접어들었다. 시크릿 정원 다음으로 좋아하는 장소다. 주변의 고층 아파트들과 누가 더 높은지 키 자랑이라도 하듯이 위로만 뻗은 메타세쿼이아 길의 끝자락에 카페와 와인 거리가 있다. 창틀마다 꽃을 내걸고, 체크무늬 테이블보를 씌운 탁자 위엔 무심한 듯 꽃 한 송이 꽂혀 있는 카페에서 커피를 마시며, 잠시 낯선 여행지의 방랑자가 되는 꿈을 꾼다.
　꿈에서 깨어나 다시 산책로로 접어들어 개울물을 따라 걷는다. 물길을 따라 수양 버드나무가 줄지어 있고, 아래로 길게 늘어진 수양 버드나무 가지 아래 벤치가 놓여 있다. 비어 있는 벤치에 앉아 맑은 물속을 들여다본다. 잉어 떼가 유유자적 헤엄을 치고 청둥오리와 왜가리의 자맥질 한 번에 미꾸라지 한 마리가 이승의 생을 마감한다.

백일홍과 해바라기가 무리 지어 피어 있는 꽃밭에서 잠깐 숨을 고르며 사진 몇 장 남기고 발길을 돌린다. 백일홍은 요란하지 않고 수수해서 좋아하는 꽃이기에 평소 같으면 한참을 머무르련만 오늘은 눈인사만 하고 그냥 지나친다.

백일홍 꽃밭 끝머리쯤에 있는 '칸트의 정원'에서 정원의 주인 칸트가 기다리고 있다. 작은 다리를 건너는 순간 의자에 앉아 있는 칸트와 마주친다. 칸트의 주변 사람들은 하루도 어김없이 정해진 시각에 산책하는 그를 보고 시계의 시각을 맞췄다고 한다. 그의 옆자리는 기다리고 있었다는 듯 비어 있다. 빈자리에 앉아 그에게 기대어 어깨동무를 한다. 칸트의 철학을 이해할 수는 없지만, 말에는 풍부한 사상이 넘쳐흐르고 농담과 재치로 재미있는 대화 상대가 되어 준다.

그의 명성에 어울리게 오가는 사람들이 칸트와 사진을 찍기 위해 기다리고 있어서 오래 머무를 수가 없다. 사랑하는 사람을 울며 겨자 먹기 식으로 다른 이에게 내어 주고, 서운한 맘을 달래 줄 또 다른 곳을 찾아 발걸음을 옮긴다.

징검다리를 건너면 두어 마지기쯤 되는 논을 만난다. 벼 잎사귀 사이로 밀고 올라오는 벼꽃을 쓰다듬어 본다. 예전 같으면 메뚜기가 후두둑 뛰어오르겠지만 요즘은 메뚜기 보기가 쉽지 않다. 논둑길에 서면 꿈에도 잊을 수 없는 고향이 그리워진다.

참 많은 시간을 이 산책길에서 보냈다.

봄이면 벚꽃이 흐드러지고, 여름이면 엄마 일 가는 길의 하얀 꽃향기가 슬퍼 목 놓아 울었다는 찔레꽃 향기가 지천으로 날린다. 가을이면 물감을 쏟아부은 듯 뭉게구름 피어오르고 핏빛 물감이 뚝뚝 떨어지듯 쏟아지는 낙엽을 보며 모든 걸 내려놓고 마음을 비웠다. 겨울이면 차가운 강바람에 옷깃을 여미고, 얼음장 밑에서 조잘대며 전해주는 봄소식에 기다림을 배운다.

양재천 길은 서러울 때나 억울할 때, 미움이 눈덩이처럼 커져 원망스러울 때마다 걸으며 풀어놓은 사연이 굽이굽이마다 서려 있는 발로 쓴 내 삶의 일기장이다. 고마움도, 그리움도, 기쁨도, 슬픔도, 꼭꼭 밟아 다져놓은 내 삶의 기록인 이 길을 사랑한다.

어떤 기도

주님
반 박자 천천히
반 옥타브 낮은 톤으로
너무 빠르지도, 느리지도 않은 속도로
눈을 맞추며
말끝은 말랑말랑하게
사랑을 속삭이듯 말하게 하소서
세상의 모든 소리에는 귀를 활짝 열고
입은 꼭 필요할 때만 열게 하소서

어려서부터 말을 잘한다는 소리를 들으며 자랐다. 엄마는 내게 항상 야무지고 암팡지게 말을 한다고 했다. 어린 마음에 칭찬인 줄 알았다. 목소리는 크고 음색은 카랑카랑해서 윤기 없이 까실하다.

키가 큰 덕에 학창 시절 내내 뒷자리만 지켰다. 동창들 모임에서 맥주의 힘을 빌려 "이제는 말할 수 있다."며 고백하는 친구들이 있다.

키 작은 앞자리의 올망졸망한 친구들에겐 뒷자리에 앉아 왜기리처럼 떠들어 대는 내가 두려움의 대상이었노라고.

순발력 있게 남의 말에 끼어들기도 잘했다. 말하는 이의 불순한 의도를 눈치 빠르게 파악해 면박을 주거나 우스꽝스런 꼴로 만들어버리기 일쑤였다. 득음을 한 것처럼 큰소리와 망치로 대못을 박듯 또박또박 암팡진 말은 나의 의도와는 상관없이 위압감을 줬을 것이다. 다정한 맛과 다감한 멋이라고는 눈을 씻고 찾아도 없었다.

나이를 먹고 사회적 관계가 다양해지면서 말 습관이 걸림돌이 되기 시작했다.

나의 의도와는 상관없이 오해가 생기기도 하고 친했던 관계가 생면부지의 남보다 더 어색하고 서먹한 사이가 되기도 했다. 지인을 위해 한 말이, 내 뜻과는 다르게 오해가 생겨 주변 사람들의 싸늘한 시선을 버텨내야 하는 일도 종종 있었다.

특별히 베푸는 것도 없는 친구인데도 주변에 사람이 많은 게 궁금했다. 그때부터 그 친구를 유심히 관찰하기 시작했다. 그 친구는 웃는 얼굴로 상대방과 눈을 맞추고 진심으로 공감하며 상대의 감정에 완전히 이입되어 맞장구를 쳤다. 오래전 대화 내용도 기억해주는 그와의 대화는 항상 기분이 좋았다. '임금님 귀는 당나귀 귀'라고 맘 놓고 외쳐도 될 것 같은 믿음을 준다. 나 자신이 특별한 존재인 것처럼 자존감이 높아진다.

햇사과처럼 사각사각하며 상큼한 맛과, 풍류와 운치의 멋을 알며 따뜻한 온기로 사물을 살리는 품격 있는 말의 주인이 되고 싶다. 무심코 뱉은 나의 말에 상처받은 많은 이들을 치유해 달라고 떼쓰는 기도를 항목에 추가해야겠다.

김영석

youngpdf@naver.com

존뮤어 호수의 물빛

은하수 영롱한 화이트포켓

테카포호수, 하늘을 담은 호수

크리스마스의 추억

폭설 내린 속초에 빠지다

세 살 버릇이 여든까지 간다던가.
세 살 때 남산에서 놀다가 사라져서 식구들이 오후 내내
찾았다는 얘기를 듣고 자랐다.
어릴 때부터 다니기를 좋아하던 버릇이 아직까지 계속된다.

삶의 발자취와
자연의 신비를
조금이나마
글로 전달할 수 있기를 바란다.
여든까지 할 수 있을까.

2022년 《여행문화》 등단
수필가, 여행작가
산들문학회 회원, (사)한국사진작가협회 정회원
공저 《함께 가는 낯선 길》

존뮤어 호수의 물빛

  휘트니산은 캘리포니아 시에라 산맥에 속한 산으로 알래스카를 제외하면 미국에서 가장 높은 산이다. 시에라산은 세계 최대 화강암을 자랑하는 요세미티 공원을 품고 있다. 이곳에 있는 존뮤어 트레일(JMT)은 세계 3대 트레일에 속한다.

  존뮤어 트레일은 휘트니산에서 요세미티 공원까지 이르는 358km나 되는 코스로 전 세계 하이커들이 '걷는 자의 꿈'이라 부를 정도로 아름답다. 휘트니산의 산행 거리는 34km 정도 되며 젊은 산악인의 발걸음으로 하루 12시간 이상 걸어야 한다. 겨울에는 눈 때문에 오를 수 없고, 주로 5월에서 10월까지만 개방된다. 입산 허가증이 있어야 산행할 수 있는데 받기가 쉽지 않다.

  나는 아침 9시경에 출발했다. 4시간을 하염없이 달리니 저 멀리 시에라네바다의 거대한 산맥이 시야에 들어온다. 뾰족한 산정상의 위엄 속에 하늘은 청아하고 파란빛이 끝없이 펼쳐진다. 하늘이 노하면 구름 속으로 개미 행렬 같은 자동차들을 당장 빨아들일 기세다. 강렬

한 햇빛에 이마에서 저절로 땀방울이 맺힌다.

조금 더 올라가니 뉴스에서 봤던 산불 현장이 나왔다. 날카로운 입술에서 나온 번개로 며칠 사이에 푸른 들판은 시커멓게 그을려 버렸다. 잿빛으로 변해버린 바위와 나무들을 보면서 자연의 무서움에 겸손해진다. 인간은 자연의 위대함 앞에서 한 줌의 재도 안 되는 존재임을 을씨년스럽게 보여준다. 서슬 퍼런 비수같이 보이는 휘트니산의 장엄함에 서늘한 전율이 흐른다.

휘트니 캠프장에 2시쯤 도착하였다. 텐트를 치고 휴식을 위해 가까운 폭포 쪽으로 가보았다. 며칠 전에 온 비로 폭포수는 우렁찬 함성을 내지르며 몸과 마음을 시원하게 어루만져 준다. 휘트니산에는 오늘 밤 천천히 올라가다가 힘들면 내려오자 하고 편하게 생각했다. 3,000m가 넘는 산이라 고산증으로 고생할 수 있어 아스피린을 먹었다. 등산로 입구에 도착하니 배낭의 무게를 재는 저울이 있다. 카메라 장비에 먹을 것을 꾸리니 배낭 무게가 15Kg, 이것은 그래도 가벼운 편이다. 어제 잠이 부족했는지 몸 상태가 그리 좋지 않다. 한두 시간쯤 올라 해발 3,100m 정도 되니 머리가 약간 어지럽다. 쉬엄쉬엄 한 시간 정도 더 올라가 론파인 호수에 도착했다.

석양이 지기 시작한다. 호수에 비친 분홍색 조각구름의 아름다운 모습을 어떻게 말로 표현할까. 캠핑하는 사람들이 텐트 앞에 앉아 넋을 잃은 듯 호수를 바라본다. 정신없이 사진을 찍다 보니 물가에 걸린 바위가 시뻘겋게 타오르기 시작한다. 이제 하늘도 호수도 온통 진분홍으로 물들인다. 마음은 어느새 감격으로 빨갛게 달아올랐다. 물속에서 타오르던 바위는 신기하게 하나도 그을리지 않은 채 하얀 미소를 짓는다. 나의 가슴도 하얀색으로 물든다.

하늘은 서서히 잿빛 구름이 점령하기 시작한다. 사방에 어둠이 내리니 이제는 구름이 사라지길 바란다. 내 마음은 이리도 간사한 것일까. 구름이 아름다워서 감격한 게 얼마나 됐다고…. 하지만 하늘이 흐리면 은하수를 볼 수 없기에 구름이 사라지기를 기다린다. 필요 없으니 사라지라는 이기심은 사람의 본성인가. 나의 마음을 비웃기라도 하듯 구름은 더욱 짙어진다. 차가운 바람이 불어온다. 석양의 아름다움을 본 것만으로 만족하며 캠프장으로 내려왔다.

밤 한 시에 잠이 깨어 밖을 내다보니 구름 한 점 없다. 아무리 피곤해도 이런 날씨를 지나칠 수 없다. 산과 은하수가 어우러지는 구도를 은하수 앱으로 확인하면서 여기저기를 찾아다녔다. 그리고 적당한 곳을 찾아 두 개의 삼각대에 두 대의 카메라를 설치했다. 제한된 시간에 여러 배경을 담으려면 광각과 어안렌즈가 필요하다. 조급한 마음을 달래며 촬영을 마치니 시계는 어느덧 새벽 4시를 가리킨다. 이번엔 휘트니 정상은 못 올랐어도 자연의 마음도 읽고 은하수도 담았기에 뿌듯한 마음으로 다시 잠을 청했다.

존뮤어 트레일의 일부라도 산행하려고 빅파인 호수 캠프장으로 이

동했다. 7개의 호수를 품고 있는 빅파인 호수 트레일도 왕복 25km를 산행하는 어려운 코스이다. 싱그러운 새벽 내음을 맡으며 출발했다. 형형색색의 야생화들이 오랜만에 맞는 손님을 반긴다. 콧노래를 부르며 신선한 숲길을 두 시간쯤 가볍게 올라갔다. 저 멀리서 시커먼 구름이 몰려온다. 순식간에 천둥소리에 번개가 번쩍번쩍 빛을 발한다. 한 등산객이 하늘을 가리키면서 위험하다고 내려온다. 갈 것인가 말 것인가 그것이 문제로다. 휘트니산도 포기했는데 여기서 중단할 수는 없다. 비옷으로 온몸을 덮어쓰고 걸으니 어느새 파란 하늘이 나타난다.

첫 번째 호수에 도착했을 때 찬란한 옥빛에 놀랐다. 호수 위에 떠 있는 나무가 쪽빛 물결 따라 흔들린다. 호수에 빠진 바위도 은은한 청자색이다. 왼편에는 하늘까지 솟아 있는 왕관 같은 바위가 있어 옷깃을 여미게 한다. 30분을 더 걸으니 두 번째 호수, 정면에 크레이그 템플이란 바위가 우뚝 솟아 있다. 구름이 그 머리 위에 파란 월계관을 씌워준다. 마당같이 넓은 바위 위에 서서 산에서 들리는 소리에 조용히 귀를 기울인다. 햇빛이 호수에 내리니 평안의 하늘빛 메아리가 내 맘으로 들어온다.

세 번째 호수가 가장 아름답다고 들었다. 하늘이 점점 어두워져서 빠른 걸음으로 걸었다. 7월 말인데도 비가 오는 것이 아니라 싸라기 같은 우박이 떨어진다. 작은 우박 파편이 호수를 흔드니 어느새 옥색은 사라지고 회색 호수로 변모한다. 호수 트레킹은 3개의 호수로 만족하고 발길을 돌려야 했다. 이제는 자연의 위대함에 겸손해야 한다. 무한의 경륜을 지닌 자연 앞에 나의 의지가 무슨 소용인가. 휘트니 정상은 못 올랐어도 은하수와 쪽빛의 호수를 담고 내려가는 것만도 감사한 일이다.

다음에는 휘트니산을 오를 수 있을까?

《여행문화》 2022년 봄호 게재

은하수 영롱힌 화이트 포켓

　미국 서부 지역 중에서 사진가들의 선망 대상은 웨이브(The Wave)이다. 하루 20명만 입장 허가를 받을 수 있는 곳인데, 나는 운이 좋게 3년 전에 웨이브를 다녀왔다. 그때 가이드가 웨이브 당첨 못 된 사람들이 대안으로 가는 곳이 화이트 포켓(White Pocket)이라 했다. 이곳은 지구가 아닌 외계와 같이 이상하고 기묘한 모양의 바위들로 유명하다. 캠핑을 할 수 있으므로 웨이브에서 촬영하기 어려운 일몰이나 일출, 은하수를 담을 수도 있다.

　올해는 친구와 둘이서 화이트 포켓으로 가기로 했다. 포켓은 주머니라고 생각하기 쉬운데 여기서는 외딴 돌무더기라는 뜻이다. 즉 하얀 돌무더기란 의미이다. 화이트 포켓에서 볼 수 있는 주름진 붉은색, 노란색, 갈색의 무늬는 광석이 산화되어 나타난다고 한다.

　화이트 포켓 길은 접근이 어려워 가는 사람이 별로 없어 인원 제한을 하지 않는다. 일반 사륜구동차로는 길이 울퉁불퉁하고 모래펄이 많아 바퀴가 빠지기 쉽다. 바닥이 높고 바퀴가 큰 사륜구동 지프로나 갈 수 있다. 사륜구동차를 가지고 여행 중이었지만 포기하고 가이드 비용을 알아보니 은하수 일박을 하면 일 인당 500불이 넘는다. 너무 비싸서 렌터카로 가기로 했다. 빌리는 비용이 오전 7시에서 저녁 7시까지 12시간에 250불이다. 오후 4시에서 아침 7시까지 빌린다고 하니 이틀 치를 내야 한다고 한다. 350불로 깎아서 하얀 지프를 빌렸다. 바퀴가 덩치 큰 거인의 엉덩짝만큼 넓고 크다. 이 정도면 무사히 모래를 빠져나오겠지.

 오후 4시쯤 숙소인 페이지, 애리조나주(Page, AZ)에서 출발했다. 악명 높은 비포장도로에 이르렀다. 구불구불한 모래펄을 지날 땐 이리저리 쏠려 차가 모래에 처박힐 것 같은 느낌이다. 울퉁불퉁한 암석을 지나 움푹 팬 모래밭으로 바퀴가 빠지니 차가 쿨렁 주저앉고 머리는 천장에 털썩 부딪힌다. '이럴 때 잘못하면 차가 모래에 빠지겠구나. 그래서 바퀴가 넓어야 하는구나.' 하는 생각이 들었다. 좀 더 가다 보니 이번엔 검정 소가 앞길을 가로막으며 차를 박치기할 기세다. 서 있으면 모래에 빠져 버리지 않나 걱정도 된다. 다행히 소들이 비켜주어 안전하게 지나왔다. 30분 정도 모래밭 도로에서 씨름하며 숙소에서부터 3시간 걸려 주차장에 도착했다.

 마침 한국에서 온 사진팀이 텐트를 치고 있었다. 지프를 빌렸는데도 모래에 빠져 견인차를 불러 고생 또 고생 끝에 도착했단다. 우리도 시간이 늦어 부지런히 텐트를 쳤다. 한국에서는 무척 비싼 휠레

미뇽(3년 미만의 암소 부위)을 구웠다. 시원스러운 바람에 맛깔스러운 고기 한 점, 한 잔의 맥주는 기분 좋게 넘어간다. 어둑어둑 석양이 질 무렵 하늘은 구름 없이 맑았다. 석양의 화려한 노을은 담을 수 없지만 은하수 담기에는 더할 나위 없이 좋은 날씨이다. 어둠이 깃들 때 카메라 가방을 들고 은하수 촬영에 나섰다. 우리는 가이드와 함께 온 사진팀 뒤를 따라가며 장소를 물색하기로 했다.

먼 행성에서 날아와 박힌 듯한 신기하고 오묘한 바위 위를 걷는다. 손전등을 들이대니 바위가 부끄러운 듯 하얀 속살을 드러낸다. 하얀 바탕에 홍조 띤 무늬로 가득하다. 조금 더 가니 나 홀로 나무가 서 있다. 찾는 이가 많지 않은 듯 오랜만의 손님을 반갑게 맞는다. 순간 아차 하고 미끄러질 뻔했다. 손을 들면 잡힐 것 같이 하늘에 빼곡한 별과 머리를 부딪칠 듯했다. 균형을 잡고 위를 쳐다보고 안도의 한숨을 쉰다. 은하수 앱으로 위치를 확인하고 부지런히 은하수를 카메라에 담는다. 이젠 타임랩스 모드로 별들의 흐름을 잡는다. 바위에 앉아 기다리는 동안에 나는 장구한 시간의 흐름을 떠올렸다. 수억 년에 걸쳐서 생성된 암반의 비밀을 만나본다. 커다란 심호흡을 통해 선선히 들어오는 태고의 신비를 맛본다. 대자연의 가슴에 묻혀 별과 하나가 되는 빛나는 밤이 내겐 큰 선물이다.

다음 날 일출을 담으려고 일어났지만 이미 해는 떠올랐다. 하늘에 구름이 아름답게 핀 것도 모르고 늦잠을 잤다. 이번 여행에서는 일몰 일출 사진은 허탕이다. 은하수 일몰 일출까지 다 담으려는 것은 큰 욕심일까. 왕복 3km 되는 짧은 트레일을 나서니 노란 야생화가 하늘하늘 환하게 반긴다.

 야영장에서 5분 거리에서 시작하는 화이트 포켓은 규모는 작지만, 지구상 어느 곳에서도 볼 수 없는 기이한 형상을 하고 있다. 아마 이름 모를 별에서 떨어져 나온 암석이 자리 잡은 듯하다. 웨이브와 같이 사암으로 이루어져 있어 주홍색 물결무늬의 바위도 곳곳에서 볼 수 있다. 웨이브에서는 볼 수 없는 거북이나 악어의 등 같은 모습도 보인다. 불타는 더위로 거북의 등껍질이 갈라진 것 같은 모양의 바위 위로 발걸음을 옮긴다. 그 끝에서 흰 구름이 파란 하늘 속으로 두 갈래로 갈라지면서 길을 인도한다. 기나긴 시간의 흐름으로 이루어진 주름 속에 세월의 비밀이 숨겨져 있는 것 같다.

 바위 꼭대기에 올라서려니 갑자기 입을 커다랗게 벌린 괴물이 잡아먹을 듯이 입을 벌리고 있다. 거대한 용의 입에서 나오는 뜨거운 불길로 바위가 녹아내려 큰 웅덩이를 만든 형상도 보인다. 이곳에는 선사시대 공룡의 발자국도 남아 있다고 한다. 기괴한 모습의 바위들에 감탄하며 야영장으로 발길을 돌렸다. 오지 중의 오지인 화이트 포켓을 무사히 다녀오면서 내 삶이 영롱한 은하수처럼 빛을 잃지 않는다면 좋겠다는 생각을 했다.

《여행문화》 2022년 가을호 게재

테카포 호수, 하늘을 담은 호수

　뉴질랜드는 세계에서 공기가 가장 깨끗한 청정한 지역이다. 면적은 한반도의 1.2배이나 인구는 450만 명이다. 북섬과 남섬으로 이루어진다. 북섬은 오클랜드, 반지의 제왕에 나오는 호빗마을, 와이토모 반딧불 동굴 체험이 유명하다. 남섬은 퀸스타운, 피요르드의 밀포드 사운드, 하늘이 내려온 푸카키 호수와 테카포 호수가 기다린다. 테카포 호수(Lake Tekapo)는 남섬 퀸스타운에서 차로 3시간 달리면 도착한다. 뉴질랜드는 남반구에 있어 우리나라와는 계절이 정반대다. 11월은 우리나라는 겨울이지만 여기는 무르익은 봄의 절정으로 달린다. 아름다운 루핀 꽃의 향연을 보려면 11월 말이나 12월 초에 여행해야 한다. 공해로 찌들은 여행객에게 대자연 속에서의 휴식은 새로운 활력을 불어넣는다. 뉴질랜드에서의 운전은 우리나라와는 반대인 우측 핸들이고 좌측통행이어서 헷갈리고 쉽지 않다. 다만 차량 통행이 적으므로 동행자가 옆에서 봐준다면 한번 도전해볼 만하다.
　테카포 호수는 연하늘색 물감을 풀어놓은 듯한 빙하호이다. 빙하에 깎인 암석들이 녹아 있기에 밀키블루라는 환상적인 푸른색을 띠고 있다. 물가에 가까이 다가가도 그대로 하늘색이다. 하늘이 호수에 사뿐히 내려와 담긴 듯 하늘과 호수의 구별이 없다. 봄날의 찬란한 햇살을 받아 반짝거리는 호숫가로 걸어가면 화려한 루핀 꽃의 화원이 반긴다. 우리나라 말로는 총총이 부채꽃이며 꽃말은 '삶의 욕구'이다. 보라색 하얀색 핑크색 형형색색의 루핀 꽃이 무리 지어 피어 들녘에 가득하다.

하늘색 물결을 가로지르는 다리를 지나면 양들을 헌신적으로 지킨 개를 기념하기 위해 세운 작은 개 동상이 있다. 파란 미소를 머금은 호수 위로 루핀 꽃이 손을 흔들며 보아 달라 합창한다. 석양의 따뜻한 체온에 루핀 꽃은 얼굴을 더욱 발갛게 물들이며 온몸으로 춤을 춘다. 조심스레 꽃길을 걷는데 저 복판에 작은 교회가 나타난다. 갈색의 벽돌로 지어진 교회는 루핀 꽃과 조화를 이루어 동화책에 그려진 숲속의 교회 모습이다. 이 교회는 선한목자교회라고 한다. 관광객을 위한 명소가 아니라 예배를 드리는 정식 교회이다. 겨울에는 4시까지만 관광객이 방문할 수 있다.

두 노부부의 경건한 모습에 이끌리어 나도 교회 안 의자에 앉아 마음을 가다듬고 기도를 드린다. 교회 창가 너머 보이는 하얀 설산과 에메랄드빛 호수의 잔잔함이 마음에 그윽이 밀려온다. 해가 뉘엿뉘엿 넘어갈 무렵 노을빛이 내려와 온천지를 황홀하게 물들인다. 저 멀리 눈 덮인 산에서 하늘까지 끝없이 이어진 평안의 길을 걷는다. 평화로운 천국에서 천사들의 노래가 꿈결같이 들려온다. 아 여기가 천상의 낙원이다.

테카포 호수는 지구에서 별이 가장 아름답게 보이는 곳 중의 하나이다. 국제 다크스카이 협회에서 밤하늘 보호구역으로 지정하였다. 은하수 투어로 많은 관광객이 오며 7월 겨울철에는 경이로운 오로라도 볼 수 있다. 사진작가들도 교회를 배경으로 하늘을 가르는 은하수를 담기 위해 많이 온다. 이젠 많은 관광객이 몰려 자동차 헤드라이트, 상점 불빛들로 빛 공해가 많아졌다. 어둠이 깔린 고요한 호숫가는 피곤한 루핀 꽃이 곤히 잠을 자고 있다. 하늘은 파란 형광물감을 뿌려 놓은 듯이 별들이 영롱하게 빛난다. 은하수 피크가 아닌 때에도 많은 관광객이 총총하게 떠 있는 별을 보려고 몰려온다. 별빛과 사랑의 속삭임에서 쏟아지는 은은한 빛으로 교회의 벽이 화사하게 밝아진다. 반짝이는 별빛 아래 연인끼리 사랑 고백하는 소리가 귀에 음악처럼 들린다. 프러포즈를 하기 위해 여러 나라에서 여기 교회까지 온다고 한다. 사랑과 낭만이 흐르는 테카포의 밤이다.

《여행문화》 2022년 여름호 게재

크리스마스의 추억

 나는 어릴 적부터 눈을 좋아했다. 눈이 내리면 아무도 밟지 않은 눈을 먼저 밟으려고 뛰어다녔다. 눈 속에서 앞으로 쓰러지면 단추 자국이 나는 것이 재미있었다. 비탈진 곳을 만나면 눈에 미끄러져 한참을 내려갔다가 올라오곤 했다. 아줌마들은 타버린 연탄재를 빙판 위에 던져 미끄럼놀이터를 망쳐버린다. 손을 호호 불며 눈을 굴려 눈사람만들기는 기본이었다. 어느 날은 눈싸움하며 놀다가 과외공부에 지각해서 윗도리를 벗고 손을 들고 벌을 서기도 했다.
 크리스마스 때는 소나무를 잘라다 화분에 심고 솜뭉치로 눈을 만들어 크리스마스 장식을 했다. 빨갛고 노란 전등을 샀지만 깜박거리지 않아 스위치를 만들어 수동으로 깜박거리며 기뻐했던 기억이 난다. 하얀 눈 내린 성탄절 날 교회에서 흰 봉지에 담긴 과자 선물을 받고 좋아했던 모습이 눈에 선하다. 천진난만하게 행복했던 초등학교 시절이다.
 대학생 때 크리스마스는 교회 행사로 일이 많았다. 한 달 전부터

찬양과 연극을 준비하느라 바쁘다. 연극에서 나의 역은 세례요한 이 버지이고 대사도 없이 머리를 끄덕이는 게 전부였다. 크리스마스이브 마지막 순서로 선물교환이 있었다. 처음 참석한 학생이 있어 선물이 모자라 받지를 못했다. 집에 가려고 하니 어느새 밖에는 함박눈이 펑펑 오고 있다. 교회가 언덕 위에 있어 내려가기에 무척이나 미끄러웠다. 연극에서 아내였던 여학생 손을 잡고 내려왔다. 조금 더 걷자고 하여 혜화동에서 한강까지 2시간도 넘게 눈길을 장난치며 걸었다. 신발이 젖어 발이 엄청 시렸지만 재미있었던 추억이었다.

　군에 입대해서 일등병일 때 작업을 하다 허리를 다쳤다. 국군원주병원 정형외과에 입원했는데 군의관한테 발탁되어 3개월을 당번병으로 근무할 수 있었다. 어여쁜 간호장교가 있었는데 환자에게는 천사와 같은 로망이었다. 군인교회에서 그녀는 소프라노를 했고 나는 테너로 성가대를 같이 했다. 크리스마스 때라 매일 저녁에 모여서 연습도 하고 과자도 먹고 즐겁게 지냈다. 소위였던 그녀는 일등병인 내게 존댓말을 해서 송구하고 황홀할 지경이었다. 병실마다 위문하며 캐럴을 불러 주었는데 환자들은 선망의 눈초리로 우리를 부러워했다.

　1982년에 우리 가족은 미국으로 떠났다. 그곳에서는 대부분 가정집이 커다란 나무에 크리스마스 장식을 한다. 거리에서는 장식용 전나무를 파는데 무척이나 무거워서 끙끙거리며 옮긴다. 아이들과 함께 장식하는 것도 큰 행사이다. 카드도 40여 장 사서 온종일 손이 아프게 쓴다. 우체국에 가서 긴 줄을 기다리며 카드를 보내면 마음이 편해진다. 크리스마스트리 밑에 여러 가지 선물을 쌓았다가 성탄절 아침에 온 식구가 모여 선물을 개봉한다. 일 년 중 가장 큰 선물을 받기에 아이들에게는 크리스마스가 가장 기쁜 날이다.

어느 해 크리스마스에는 가족이 눈이 많은 레이크 타호로 여행했다. 키가 엄청 높은 나무에 쌓인 눈 사이로 보이는 순백의 호수는 카드 속의 그림처럼 아름다웠다. 2인승 스노모빌을 타고 호숫가 산등성이로 가이드를 따라 관광했다. 중간 전망 좋은 곳에서 따뜻한 커피를 마시는 휴식 시간이 있었다. 경치에 취해 있다가 출발 신호에 놀라 막내를 깜박 잊고 혼자 종점으로 내려오고 말았다. 먼저 와서 기다리던 아내가 놀라서 화를 내었다. 다급히 안내원한테 사정을 얘기하여 눈 속에서 헤매던 막내를 찾아 무사히 데리고 왔다.

언제부터였을까? 크리스마스트리는 무거운 전나무 대신 인조 나무로 바뀌었다. 트리 장식들도 마트에서 쉽게 사서 걸 수 있게 되었다. 인터넷에서 온라인으로 카드도 쉽게 보낸다. 손으로 쓰는 카드는 사라져버렸다. 아이들도 게임기나 컴퓨터로 방콕하고 있다. 시간은 많아졌는데 가족과 대화하는 시간이 줄어들었다. 이제는 성탄절의 따듯한 사랑의 시간이 사라진 것 같다. 기술의 혁신은 편리함을 가져다 주었지만, 지키고 싶은 많은 것들을 잃어버렸다.

2012년에 한국으로 돌아와서는 누나 조카들을 불러 식당에서 크리스마스 모임을 가졌다. 한국에서는 가족 모임도 집에서 하지 않고 식당에서 한단다. 식사 뒤에 누나 집에서 커피 마시고 헤어졌다. 대가족이라 사촌들도 많았지만 전화인사로 끝내고 만나는 일은 특별히 없다. 오래전에 집에서 손님을 치르느라 만두도 빚고 부산했던 기억이 떠오른다. 그때는 손님이 와야 맛있는 것이 많고 용돈도 생겨 좋아했다.

어머니는 고향이 개성이었고, 선교사의 도움으로 호수돈여고를 졸업하고 이화전문까지 다니셨다. 독실한 크리스천이신 어머니에게는 성탄절이 가장 큰 명절이었다. 겨울에 먹는 어머니의 보쌈김치는 아직도 입맛을 다시게 한다. 어머니는 어릴 적부터 교회에 열심히 다닌 막내인 나를 특별히 사랑해주셨다. 나는 상에 오르기 전에 보쌈을 헤집고 실고추를 빼고 가운데 있는 잣과 배를 건져 먹는 특권을 누렸다. 한 입 한 입 깨물 때 느껴지는 어머니의 고소하며 상큼한 손맛은 잊을 수 없다.

요즈음은 코로나19로 크리스마스에 친척들과 모임 한 지도 오래되었다. 올해는 첫 손자가 생겨서 오랜만에 크리스마스카드를 사서 펜을 들었다. 아들 며느리에게 작은 선물과 함께 보내고 나니 마음이 훈훈하다. 언제쯤 온 가족이 모여 웃음 가득한 즐거운 크리스마스를 지낼 수 있을까.

폭설 내린 속초에 빠지다

 동해안에는 크리스마스에 많은 눈이 내린다고 한다. 아내에게 속초에 가자고 하니 혼자 가라고 한다. 휴식 없이 사진만 찍고 다니는 피곤한 일정에 질려서 더 이상 여행에 따라나서지 않는다. 미안한 맘은 뒤로하고 화이트 크리스마스를 기대하며 운전대를 잡고 속초로 향했다.

 속초시 장사동에 있는 아파트에 도착했다. 거실에서 밖을 보니 영랑호가 잔잔한 물결에 흔들리고 설악산은 병풍처럼 둘러서 있다. 구석방에서 장식한 대로 보관된 크리스마스트리를 꺼냈다. 트리에 매달린 장식품들이 떨어지지 않도록 조심스럽게 거실로 옮겼다. 장식 라이트를 켜니 오색으로 깜박이며 환하게 방을 밝힌다. 비가 세차게 창을 두드리는데 유리창 밖에도 크리스마스트리가 반짝거리며 서 있다.

 오후 내내 내리던 비가 밤이 되니 하얀 눈으로 내리기 시작했다. 따듯한 코코아로 몸을 덥히고 어둠 속의 바닷가로 나섰다. 세찬 눈보라가 얼굴에 사정없이 부딪혔다. 거센 파도가 방파제를 넘어 도로까지 넘실거렸다. 얼마 전에 울산에서 너울성 파도에 휩쓸려 죽었다는 뉴스가 떠올랐다. 인적이 없고 풍랑이 높은 해안가는 향수의 발걸음을 하기엔 위험했다.

발걸음을 돌려 동해안을 대표하는 석호, 영랑호로 들어섰다. 석호는 파도의 작용으로 모래로 입구가 막혀 생긴 자연호수다. 오리, 두루미, 큰고니가 찾아오는 철새도래지다. 영랑호수를 가로지르는 생태탐방로로 향했다. 환경시민단체들이 자연보호를 위해 탐방로 공사 중지 신청을 냈지만 기각됐다. 2021년 11월 중순에 완공되어 일반인에게 개방했다. 탐방 부교까지 오니 눈바람이 더욱 거세진다. 밤에도 개방된다고 했지만 폭설로 폐쇄되어 집으로 돌아왔다. 크리스마스이브에 하얀 눈송이로 온몸이 범벅이 되도록 걸었다. 따듯한 트리 너머 창틀에 어느새 흰 눈이 소복이 쌓였다.

아침에 일어나니 창가에 눈이 두 뼘 이상 쌓였다. 속초 지역은 60센티미터나 되는 폭설이 내렸다. 한국 돌아와 처음 맞는 꿈속의 화이트 크리스마스가 펼쳐진다. 창 너머 하얀 설경이 호숫가에서 대청봉까지 이어진다. 아이젠, 방수 바지로 중무장을 하고 거리로 나섰다. 어제 걸었던 장사항으로 향했다. 도로에는 차들이 엉금엉금 기다가 주저앉는다.

거친 풍랑에 파도가 하얗게 부서지며 온 세상이 한 폭의 하얀 산수화가 된다. 갈매기들이 바람을 거슬러 힘차게 솟구치며 해안 초소에 쌓인 눈 위까지 날아간다. 배들은 무겁게 쌓인 눈이 힘에 겨워 물결

속에 출렁인다. 발자국 없는 눈을 뽀드득 밟는다. 순백의 백사장이 바다에 닿아 있다. 푹신한 눈 속에 무릎 꿇고 조용히 눈을 감고 자연의 함성에 귀를 기울인다. 바다를 바라보니 부서지는 파도에 아련한 추억이 가슴으로 밀려온다. 방파제를 넘쳐 내리는 파도는 피아노를 치듯 옆으로 하얀 건반을 눌러댄다. 그 위에 물안개가 잿빛의 하늘로 아스라이 피어오른다.

 동명항 쪽으로 걸어가니 눈 속에 파묻힌 산등성이 나무 위에 흰색 등대가 우뚝 서 있다. 그 밑으로 수많은 갈매기가 흩날리는 물보라 위를 날고 있다. 영금정은 이 동네 바닷가에 있는 암반지역을 말한다. 파도가 바위에 부딪치면서 신령한 거문고 소리가 난다 하여 영금정이라 불린다. 해변가로 걸어가니 누군가 만든 커다란 눈사람이 반긴다. 바위섬이 멀리에 보인다. 새들이 많이 찾는다 해서 조도라 한다. 바위에 하얗게 부서지는 파도와 순백의 옷을 입은 소나무는 영화 속 아름다운 한 장면이다. 홀로 서 있는 등대도 거문고 소리에 외롭지 않아 보인다.

 영랑호를 걷는다. 아침 해가 호숫가를 불그레 물들이고 갈매기는 한가롭게 물 위를 난다. 어젯밤 내린 눈은 호수 속 바위를 눈사람으로 만들었다. 물에 빠진 눈사람이 정답게 윙크한다. 밤새 무릎까지 빠지는 많은 눈이 내렸다. 아무도 밟지 않은 하얀 눈을 밟아 길을 만들고 뒤돌아보며 웃어본다. 눈 속에 파묻힌 집의 붉은색 벽돌이 어머니의 손길같이 따듯해 보인나.

　나뭇가지 사이로 햇빛이 찬란하게 눈에 들어온다. 햇빛은 추위를 이긴 단풍을 더욱 빨갛게 물들인다. 폭설에 파묻힌 가지들이 눈의 무게를 힘들게 버티고 있다. 바람에도 햇볕에도 가지에 붙어 있는 눈송이가 기특하다. 어느새 구름이 걷히고 하늘은 청아한 푸른빛을 발한다. 호반의 정자로 한 걸음씩 다가간다. 지붕에 달린 고드름이 햇빛에 반사되어 반짝이며 영롱한 눈물을 흘린다.

　한 쌍의 연인이 추운데도 눈싸움하며 행복해하니 내 옆에 아무도 없는 것이 허전하다. 두루미가 날렵한 날갯짓으로 물 위로 날아오른다. 영랑호에서 보지 못했던 고니도 머리를 흔들면서 반기니 백조의 호수 선율이 귓가에 메아리친다. 햇살이 물결 위에 반짝이며 마음을 따스하게 녹여준다.

　호숫가 카페에서 음악을 들으며 치킨 파니니와 시저 샐러드로 식사했다. 영랑호에 쌓인 눈길을 걸으며 나홀로 즐기는 화창한 크리스마스 아침이다.

한미경

hanmkys@hanmail.net

시계
맥주 예찬
사랑을 저축하세요
두바이의 꿈
고백할 수 있는 용기

글공부를 시작하고 3년 동안 동인지를 세 번 출간하였다.
나보다 늦게 들어온 문우들이 등단하는 것을 보고 '이제 더 이상 미룰 수 없다'는 생각이 들었다. 누군가 말했다. 등단은 자격증 하나 따는 것 같은 거라고. 2022년에 나는 드디어 자격증을 땄다. 운전면허증, 교사 자격증 이후에 처음이었다.
그것이 힘들었나?
등단 이후에 시험이 끝난 수험생처럼 창작이 이어지지 않았다. 내실을 다지는 시간을 좀 더 가져야 할 듯하다.

2022년 《현대수필》 등단
산들문학회 회원
공저 《시간의 정원》, 《어머니의 유일한 노래》, 《함께 가는 낯선 길》

시계

아침에 눈을 뜨면 제일 먼저 쳐다보는 얼굴. 당신은 잠에서 깨어나는 나를 내려다보고 있습니다. 당신의 희고 둥근 얼굴은 아기를 깨우는 엄마처럼 편안하고 따뜻한 미소로 내가 이불에서 나오는 모습을 바라봅니다.

우리는 30년 전 어느 겨울날 처음 만났지요. 아득히 먼 옛날 같기도 하고, 바로 엊그제 일 같기도 하군요. 당신을 만날 거라고는 꿈에도 생각 못 했어요. 당신은 그이의 결혼 예복에 덤으로 따라온 선물이었습니다.

첫인상은 그저 그랬어요. 검은색 둥근 테두리에 분침과 시침도 검은색이어서 신혼집에는 어울리지 않았지요. 게다가 흰 바탕에 '런던 필 예복의 집'이라고 검은색으로 떡하니 쓰여 있기까지 했어요. 다행히 1에서 12까지 시간이 표시된 로마자가 노랑, 파랑, 초록색이어서 그나마 봐줄 만했습니다.

그때 나는 결혼이라는 큰 행사를 치르느라 소소한 것은 신경 쓸 거를이 없었을 겁니다. 아마 시계 살 생각을 못 했을 거예요. 마침 당신이 내게 왔고, 안방 제일 잘 보이는 곳에 걸게 된 거죠. 그 후 30년을 우리는 함께 살았습니다.

롤렉스나 오메가도 아닌 그저 평범한 벽걸이 시계의 수명이 얼마나 될까요. 어쩜 그동안 당신은 한 번도 아프지 않았어요. 배터리 하나만 갈아주면 당신은 또 뚜벅뚜벅 걷습니다. 문득 궁금해지네요. 당신이 먼저 죽을지, 내가 먼저 죽을지.

그동안 안방의 가구가 몇 번 바뀌었어요. 가구가 고급으로 바뀔 때마다 당신은 사실 좀 어울리지 않았어요. 당신이 장식장이나 침대 머리맡에 놓는 탁상시계였다면 아마 벌써 버려졌을 겁니다. 지금 당장 갖다 버려도 하나도 아깝지 않은 싸구려 당신을 아직도 버리지 못하는 이유가 뭘까요.

거창하게 인연이니 운명이니 하는 수사를 붙이지는 않겠습니다. 내가 당신을 이렇게 오래 볼 수 있었던 건 아마도 '거리' 때문이 아닐까 하는 생각이 드네요. 당신은 내 곁에 있으면서도 항상 저만치 떨어져 있었어요. 멀리 있다 보니 노랑, 파랑, 초록 로마자가 빛이 바래서 희미해진 것도 눈치채지 못 했어요. 가구랑 안 맞아도 그냥 무심히 넘어갔지요. 당신에게 특별한 기대나 집착이 없었어요. 그래서 아직까지 당신이 나와 함께 있을 수 있는 게 아닐는지요.

나태주 시인은 풀꽃이 자세히 보아야 예쁘다고 했지요? 오래 보아야 사랑스럽다고 했습니다. 그러나 오래 보려면 자세히 보면 안 됩니다. 멀리서 보아야 돼요. 너무 많이 알게 되면 금방 싫증이 나게 되니까요. 특히 사람은 사랑할수록 '거리'를 두어야 해요. 마음의 거리뿐 아니라 물리적 거리도 중요합니다. 너무 가까이 있으면 나도 모르게 구속하려고 하지요. 결혼을 왜 '사랑의 무덤'이라고 하겠어요? 너무 모든 것을 알려하고 간섭하려고 하기 때문이겠지요.

혜민 스님도 그러셨잖아요. 인간관계는 난로처럼 대해야 한다고요. 너무 멀지도 않고 너무 가깝지도 않게 해야 한다는 뜻이지요. 그러니 당신처럼 조금 떨어져서 바라봐주어야 평생을 함께할 수 있을 겁니다.

조병화 시인의 〈공존의 이유〉라는 시가 생각나네요.

깊이 사랑하지 않도록 합시다
우리의 인생이 그러하듯이
헤어짐이 잦은 우리들의 세대
가벼운 눈웃음을 나눌 정도로
지내기로 합시다

가벼운 눈웃음을 나눌 정도로 지내는 것. 그게 바로 관계의 '거리' 개념이 아닐까요? 너무 많이 사랑하지도, 미워하지도 않을 때 공존(共存)할 수 있다는 뜻이겠죠. 격정적인 사랑은 오래갈 수 없으니까요.

그런데 어쩌죠? 우리 이제 헤어져야 할 때가 온 것 같아요. 인빙 터줏대감이던 당신을 다른 방으로 옮겨야겠습니다. 왜냐고요? 원래 그렇게 째깍째깍 소리를 냈던가요? 조용하던 당신이 요즘 너무 시끄러워졌어요. 당신도 이제 늙은 건가요?

아니, 당신이 아니라 내가 문제라고요? 잠 못 드는 밤이 많아지다 보니 당신의 발자국 소리가 들리기 시작한 거라고요? 아, 그럴지도 모르겠네요. 누우면 잠들어버리던 시절에는 당신에게서 소리가 난다는 걸 몰랐어요. 하지만 내 탓이라 해도 이젠 어쩔 수 없어요. 당신과 조금 더 멀어져야겠습니다. 영영 이별은 아니니 너무 섭섭해 하지는 마세요. 세월이 흐르니 포기해야 할 것이 점점 많아지네요. 미모도, 건강도 때로는 사랑까지도 내려놓아야 하더군요.

그래도 끝내 소중히 간직해야 할 것이 인연인 것 같아요. 기대와 실망을 끊임없이 반복하면서도 오랜 세월을 함께한 만남만큼 우리에게 위안이 되는 건 없을 겁니다.

당신은 정말 긴 시간을 나와 함께했네요. 나의 가장 오랜 벗입니다. 항상 그랬듯이 저만치 멀리서 나를 지켜봐 주세요. 당신과 끝까지 함께하고 싶습니다.

맥주 예찬

맥주는 평등한 술이다. 와인처럼 등급을 따져서 고급이니 싸구려니 하며 차별을 두지 않는다. 마실 때 격식을 차리지 않아도 된다. 맥주는 그냥 맥주다. 부자가 마시는 맥주나 가난한 사람이 마시는 맥주나 똑같다.

맥주는 소주나 막걸리에 비해 세련되고 도회적이다. 소주잔은 너무 작아서 마실 때 쪼잔한 느낌이 든다. 찌그러져야 제맛이 날 것 같은 막걸리 잔은 왠지 궁색해 보인다. 이들에 비해 맥주잔은 대담하면서 넉넉하다. 그 큰 잔에 거품이 흘러넘치는 맥주 한 컵을 벌컥벌컥 들이켜면 몸속의 세포들이 꽃처럼 피어날 것 같다.

나의 맥주 사랑은 늦깎이 사랑이다. 늦게 배운 도둑이 날 새는 줄 모른다더니, 대학을 졸업하고 교단에 서게 된 이후부터 맥주에 푹 빠져버렸다.

맥주가 가장 고팠던 시절은 아이 둘을 낳고 학교에 다니던 때였다. 정신없이 하루 일과를 마치고 집으로 돌아가면 집안일과 육아가 기다리고 있었다. 남자 선생들처럼 여유 있게 "부어라, 마셔라" 할 수 없었다. 그때 우리 학교에는 나와 비슷한 또래의 술 좋아하는 여선생이 두 명 있었다. 우리는 학교 앞에 호프집을 아지트로 정했다. 퇴근 시간이 가까워 오는데 술이 땡기면 암호처럼 "1000!"을 외쳤다. 그리고는 아지트로 향했다. 더도 말고, 덜도 말고 딱 1000CC만 마시고 일어났다. 그러고는 씩씩하게 다음 전쟁터로 진군했다. 그때의 맥주는 카페인이었다.

 교사 생활 10년 만에 남편이 싱가포르 주재원으로 발령이 났다. 이것저것 정보를 찾아보니 싱가포르는 술값이 아주 비싸다고 했다. 짐을 싸는데 이사 업체 직원이, 짐이 적으니 필요한 거 있으면 가서 더 사오라고 했다. 나는 슈퍼로 달려가 맥주를 10박스나 사 와서 이삿짐에 넣었다. 그러나 막상 싱가포르에 가보니 그것은 허위정보였다. 술값은 별로 비싸지 않았다.

 해외 생활 초기에 호되게 향수병을 앓았다. 나는 한국으로 떠나는 비행기가 뜰 시간이 되면 맥주 몇 캔을 들고 집 앞 바닷가로 나가서 멀리 이륙하는 비행기를 보며 훌쩍거렸다. 맥주가 유일한 친구였다. 그런데 시간이 지날수록 맥주 맛이 이상해졌다. 나중에 알고 보니, 안 그래도 더운 나라에서 열기 가득한 바람을 내뿜는 에어컨 실외기 옆에 둔 캔맥주가 변질된 것이었다. 10박스나 되는 맥주가 아까워서 끝까지 마시려고 했지만 결국은 쏟아버리면서 그리움도 함께 버렸다.

나의 맥주 사랑은 두바이에서 최고조에 달했다. 두바이는 길거리를 활보할 데가 거의 없다. 상점과 식당들은 대부분 쇼핑몰 안에 들어있다. 두바이에 살면서 실외 공기를 오래 마실 수 있는 곳은 골프장뿐이었다. 두바이의 골프장은 나무도 많고 잔디도 폭신폭신하게 잘 자라있고 사시사철 예쁜 꽃들이 만발해 있다. 나무와 꽃들 아래에 물이 흐르는 파이프가 매설되어 있고, 수시로 스프링클러를 돌리기 때문에 가능하디. 돈의 힘이다.

30,40도의 날씨에 골프를 할 수 있을까? 두바이 골프장은 카트가 페어웨이에 들어갈 수 있기 때문에 내가 친 공 앞에까지 가서 골프채 한 번 휘두르고 또 카트를 타고 이동한다. 그래서 생각보다 많이 힘들지 않다.

내가 두바이 골프장을 좋아한 이유는 시원한 생맥주를 마실 수 있기 때문이었다. 두바이는 이슬람국가이기 때문에 일반 식당에서는 술을 마실 수 없다. 마트에서도 술은 안 판다. 처음 두바이에 갔을 때 슈퍼에 가서 맥주가 어디 있냐고 물었다. 점원이 깜짝 놀라며 술을 안 판다고 했다. 내가 더 놀랐다. 맥주를 안 팔면 어떻게 살란 말이야?

슈퍼에서 술을 팔지는 않지만 살 수 있는 방법이 있다. 입국할 때 공항 면세점에서 사서 집에서만 마신다. 밖에서 합법적으로 술을 마실 수 있는 곳은 호텔뿐이다. 외국인을 상대로 하는 곳이기 때문이다. 그런데 골프장 내에 있는 식당들은 호텔이 운영한다. 그래서 골프장에서는 술을 마실 수 있다. 30,40도 날씨에 골프가 끝난 뒤 마시는 시원한 생맥주를 상상해 보라. 그깟 더위는 아무 문제가 되지 않는다. 오히려 생맥주의 훌륭한 안주일 뿐이다. 맥주 마시기 위해 골프를 다녔다. 맥주는 행복이었다.

   나이와 주량(酒量)은 반비례하는 걸까? 그렇게 좋아하던 맥주를 요즘은 많이 마시지 못한다. 점점 양이 줄고 있다. 그러나 빈속에 시원한 생맥주 한 잔을 쭉 마시고 난 뒤의 알딸딸한 기분이 주는 행복은 예나 지금이나 똑같다. 그 차가운 기운이 사람을 약간 업(Up)되게 만들어 준다. 함께 마시는 그 누구와도 마음을 터놓을 수 있을 것 같다. 맥주의 마법이다.

사랑을 저축하세요

　오늘도 아들은 어머니를 모시고 쇼핑몰 구경을 나갔다. 매주 일요일마다 하는 주간 행사다. 코로나로 사람 많은 곳에 가면 안 된다는 충고도 모자(母子)를 멈추게 할 수는 없다. 어머니는 산과 들로 산책 가는 건 싫어하신다. 자연은 어머니에게 구경거리가 안 된다.

　키가 큰 아들은 허리가 살짝 구부러진 어머니 옆에서 걷는다. 가다가 옷을 파는 가게가 보이면 "어머니, 여기 들어가서 구경하세요" 한다. 어머니는 신이 나서 옷들을 하나하나 살펴본다. 어머니가 오래 만지작거리며 맘에 드는 옷을 찾은 것 같으면, 옆에서 말없이 지켜보던 아들이 묻는다. "이거 하나 사실래요?" 그러면 어머니는 손사래를 친다. "야, 야, 아니다. 옷장에 입을 옷 쌨다."

　그렇게 상점을 기웃기웃하다가 때가 되면 식당에 간다. 어머니는 항상 "할 일 없이 집에서 놀기만 해서 배가 하나도 안 고프다. 아무것도 안 먹고 싶다. 간단하게 먹자" 하신다. 그런데 막상 음식이 나오면 고개를 숙여 허겁지겁 드신다. 아무리 많이 드려도 주는 대로 다 잡수신다. 아들은 그 모습이 걱정돼서 천천히 드시라고 하지만 소용없다.

식사가 끝나면 산책 2부가 시작된다. 이제 아들은 밖에서 기다리며 핸드폰을 보고 있고, 어머니 혼자 상점 안으로 들어가 이것저것 구경을 한다. 그러다 힘이 들면 제과점으로 간다. 단팥빵과 팥빙수를 하나 시켜 모자가 나눠 먹고 나면 오늘 산책 끝이다. "오늘도 우리 아들 덕에 구경 잘 했다. 고맙다." 하신다.

아일랜드 시인 세이머스 히니의 〈후계자〉라는 시의 일부분이다.

> 이다음에 크면 쟁기질을 하고 싶었다
> 한 눈을 지그시 감고 팔에 힘을 주고 싶었다
> 하지만 아버지의 커다란 그림자 안에서
> 밭을 따라다니는 일이 고작이었다
>
> 나는 늘 넘어지고 쓰러지고 떠드는
> 골칫거리였다 하지만 오늘
> 내 뒤에서 자꾸 넘어지면서도 한사코
> 떠나지 않으려는 사람은 아버지다

시어머니가 언제부턴가 아들 뒤를 졸졸 따라다니는 어린아이가 되어버렸다. 상점 안에서 구경을 하면서도 수시로 아들이 어디에 있는지 확인한다. 아들이 사라지면 어머니는 어쩌면 당황해서 어린아이처럼 엉엉 울어버릴지도 모른다.

지난 추석에는 어머니를 모시고 남해 금산 보리암에 갔다. 입장권을 끊고 들어서는 순간, 눈앞에 펼쳐진 오르막을 보고 깜짝 놀랐다. 나와 어머니는 중간에 돌아 나와야겠다고 생각하고 남편만 먼저 올려보냈다. 그런데 어머니는 포기하지 않을 기세였다. 할 수 없이 "어머니, 제 팔 잡으세요" 하고는 팔을 내어드렸다. 어머니는 내 팔을 꽉 잡고 숨을 헐떡이면서도 결국 보리암에 도착했다. 나에게 기대었던 몸을 떼면서 어머니는 내 등을 툭툭 두드려주셨다. 속으로 눈물이 울컥했다.

'저 자존심은 어디에서 나오는 걸까?' 궁금했었다. 우리 세대 시어머니들이 대부분 그러했듯이, 아들이 곧 자존심이었는지도 모르겠다. 결혼하고 20여 년 동안 고맙다는 말을 한 번도 들어본 적이 없는 것 같다. 맞벌이를 해서 용돈을 드려도 그건 아들이 주는 돈이고, 명절에 내려가 내가 아무리 힘들게 일을 해도 운전하느라 고생한 아들만 안타까워했다.

그런데 몇 년 전부터 태도가 완전히 바뀌었다. 밥을 먹고 일어나면서 "잘 먹었다." 하시고 커피 한 잔을 드려도 "고맙다." 하신다. 소소한 잔소리는 해도 크게 꾸짖으시거나 화내지 않으신다. 하늘을 찌를 듯하던 기상이 다 사라져버렸다. 평생 너희한테 손 안 내밀고 살 수 있다고 당당하게 말하던 배짱과 자신감은 어디로 간 걸까?

이젠 자식에게 의지할 수밖에 없다는 것을 깨달은 부모의 모습이리

라. 나이 먹으면서 고집이 더 세지고 폭려저으로 되는 노인들도 많다는데, 어머니는 저렇게 변하셨으니 얼마나 감사한지 모른다. 그러면서도 지난날이 떠오르면 가끔 서운한 마음이 든다. '진작에 지금처럼 좀 따뜻하게 대해주시지….'

그러나 곰곰이 생각해 보면 내게도 분명 잘못이 있다. 사랑이란 상대적인 것이다. 당신에 대한 공경심은 부족하고 제 잘난 맛에 사는 며느리가 뭐가 그리 예뻤겠나…. 이제 며느리를 볼 나이가 되니 문득 어머니의 마음이 이해될 때가 많아진다. 나도 며느리가 만족할 만큼 사랑해줄 수 있을지 자신이 없다.

남편은 매주 어머니와 외출을 하고 나는 한 달에 한 번 정도만 같이 한다. 남편의 효도는 자기가 받은 사랑에 대한 당연하고 자연스러운 보은(報恩) 행위다. 그러나 내가 하는 효도는 나이 듦에 대한 연민과 의무감에서 하는 요식(要式) 행위다. 어머니에게 사랑받았다고 느꼈다면 더 자주, 더 행복하게 동행할 수 있지 않았을까?

노후 대책은 돈만 모으면 되는 게 아닌 모양이다. 미리미리 사랑을 저축해 놓는 게 더 중요한 것 같다.

두바이의 꿈

　무심히 티브이 채널을 돌리다 '꽃보다 할배'가 두바이에 가서 촬영한 것을 보았다. 최지우가 할배들과 분수쇼를 보면서 놀라는 모습이 나왔다.

　나는 그 분수쇼를 처음 보았을 때의 감동을 잊을 수 없다. 30분마다 5분 동안 공연되는 분수쇼는 그때마다 음악이 다르게 나오는데, 분수의 움직임도 음악에 맞춰 달라진다. 분수쇼 자체도 아름답지만 고급 스피커 밑에서 듣는 음악은 칼날처럼 선명하면서도 웅장해서 그 선율 속으로 빨려 들어가는 느낌이었다.

　마지막 타임은 항상 'Time to say Goodby'로 마무리한다. 노래에 맞춰 흔들리는 분수들의 춤을 보면서, 나도 모르게 눈물이 주르르 흘렀다. 아름다운 것을 보면 눈물이 난다는 게 이런 거구나 싶었다.

　분수쇼를 하는 인공 호수 옆에는 세계에서 가장 높다는 부르즈 칼리파가 하늘을 향해 당당하고 도전적인 모습으로 솟아 있다. 위로 올라갈수록 송곳처럼 뾰족해져서 하늘을 찌를 것만 같다.

창세기 11장에 나오는 바벨탑을 연상시키기에 충분하다. 바벨탑은 고대 메소포타미아 지역에 세워진 높고 거대한 건축물이다. '바벨'은 신들(ili)의 문(Bab)이라는 뜻의 밥-알리(Bab-ili)에서 유래되었는데, 히브리어로 '혼란'이라는 뜻으로 해석되기도 한다. 인간들이 하늘에 닿으려는 허황된 꿈을 꾸는 것을 보고 하나님은 격노한다. 그래서 단일 언어였던 인간의 말을 혼란시켜 서로 소통하지 못하게 하고, 그들을 여기저기로 흩어버려 공사를 중단시켰다.

실제로 두바이에 가보면 마천루(摩天樓)들이 너무 많고 아직도 계속 지어지고 있다. 그 빌딩들을 볼 때마다 인류의 욕망과 오만을 보는 것 같아 미래가 어찌 될지 궁금하다. 현대판 바벨탑의 저주가 일어나는 건 아닌지 걱정도 된다.

두바이는 어딜 가나 높고 크고 호화롭고 사치스럽다. 도로에는 여러 나라의 고급 자동차들이 쌩쌩 달린다. 그렇게 다양한 종류의 고급차를 동시에 볼 수 있는 도시는 두바이가 유일할 것 같다. 중동의 부자들은 가까운 두바이에 와서 쇼핑과 휴양을 즐긴다. 그래서 두바이에는 고급 호텔이 많다. 아랍 분위기의 호텔, 세련된 현대 감각의 호텔, 고전적인 유럽풍의 호텔, 심지어는 금가루로 치장을 하거나 아마존 열대 우림에 온 것 같은 인테리어를 해 놓은 곳도 있다.

어떤 호텔이든 야외에는 넓은 수영장과 정원이 펼쳐진다. 신바빌로니아 시대에 바벨탑과 함께 만들었다는 공중 정원을 연상시킨다. 자연이 아닌 인공의 화려함과 아름다움이 이곳에 다 모여 있다.

중동의 부자들 중에는 두바이 은행에 돈을 맡기고, 고급 주택을 사 두고 1년에 한두 번 오는 사람들도 많다. 우리 옆집도 사람이 1년에 한 달도 살지 않았다. 실제로 2011년, 중동에 '아랍의 봄'이라고 불리는 반정부, 민주화운동이 일어났을 때 많은 부호들이 돈을 싸들고 피신해 왔다. 그런 돈들이 두바이의 중요한 수입이 된다.

두바이 정부는 자국민들에게 무상으로 집을 주고, 자녀 양육비는 물론 외국 유학비까지 지원한다. 두바이 사람들은 대부분 사무직에 종사한다. 이민국에서 만난 공무원은 물론 쇼핑몰에서 마주치는 사람들도 한결같이 거만하고 불친절하다. 벼락부자가 된 사람들이 안하무인(眼下無人)한다는 인상을 받았다.

두바이는 페르시아만에서 진주를 캐거나 낙후된 어업에 종사하던 가난한 나라였다. 1966년에 석유가 발견되었으나 매장량이 너무 적었다. 정부는 석유로 번 돈을 기반으로 대규모 인프라 프로젝트에 착수했다. 무역과 관광을 주력 사업으로 만들어 두바이를 중동의 허브로 발전시켰다. 전 세계 기업들이 두바이에 중동 본부를 두고 있다.

두바이에는 관세와 법인세가 없어서 사업하기 좋은 나라라고 알려져 있다. 그러나 부자가 되겠다는 꿈을 꾸며 두바이로 온 사람들이 돈을 많이 벌어 가는지는 의문이다. 세금이 없는 대신, 사업이나 일을 하려면 두바이 사람을 스폰서로 두어야 한다. 스폰서는 기업을 운영하는 데 필요한 여러 업무를 지원해주는데, 그들에게 내는 돈이 만만치 않고, 갑질도 대단하다고 한다.

부자들의 향연에는 언제나 가난한 사람들의 노고가 따르는 법. 인도, 파키스탄 등 인근 국가에서 온 젊은이들이 육체적 노동을 담당하고 있다. 어디에 사는지 모르지만, 그들은 트럭 짐칸에 단체로 실려 이동한다. 그렇게 더운 나라에서 에어컨도 없는 열악한 환경에 모여 산다고 들었다.

운전을 하고 가다가 트럭 뒤에 탄 청년과 눈이 마주쳤다. 순박하고 앳된 눈빛이었다. 가난한 이들의 표정은 왜 항상 그렇게 수줍은지…. 가족과 헤어져 낯선 이국땅에서 얼마나 고단할까. 그래도 그들은 몇 년만 고생하면 고국으로 돌아가 자립할 수 있다는 꿈을 꾸며 살아갈 것이다.

두바이에 모인 사람들이 꾸는 꿈은 똑같다. 부자가 되는 것이다. 그러나 부르즈 칼리파처럼 끝도 없이 높아가는 욕심과 오만은 이제 그만 멈추고, 탑을 쌓기 위해 땀 흘리는 사람들의 소박한 꿈이 이루어져 그들의 미래가 행복하기를 바란다.

고백할 수 있는 용기

 덩굴장미는 슬픈 꽃이다. 그 앞에만 서면 나는 어린왕자가 된다. 이 세상에 단 하나밖에 없는 줄 알았던 장미가 저렇게 흔하디흔한 꽃이라는 걸 처음 알았을 때, 어린왕자가 느꼈을 당혹감과 실망이 그대로 느껴져서 가슴이 쿵 내려앉는다.
 대학교 교정에는 유난히 덩굴장미가 많았다. 화창한 5월, 우리는 장미꽃 옆에서 축제 대신 데모를 했다. 꽃향기와 최루탄 가스가 뒤범벅이었다. 그 시절, 우리들의 타도 대상이었던 사람이 오늘 세상을 떠났다. 죽은 사람에게는 한없이 관대한 우리나라 사람들도 그의 죽음 앞에서는 용서가 안 되는 모양이다. 끝내 잘못했다고 말하지 않고 이승을 떠나는 그가 끝까지 지키고 싶었던 것은 무엇이었을까?
 옛날 프랑스 50프랑 지폐에는 생텍쥐페리의 얼굴과 그의 비행기, 어린 왕자와 코끼리를 삼킨 보아구렁이가 그려져 있었다. 자국 지폐에 새길 정도로 온 국민의 사랑과 존경을 받았던 생텍쥐페리는 1944년 정찰 비행을 나갔다가 행방불명되었다.

ㄱ의 죽음은 수수께끼로 남아 있었는데, 2003년 지중해 깊은 곳에서 그의 비행기가 발견되었다. 그리고 2008년 드디어 그를 격추시켰다는 범인이 나타난다. 2차 세계대전 당시 독일 공군 조종사였던 호르스트 리페르트가 프랑스 한 언론과의 인터뷰를 통해 자신이 생텍쥐페리가 타고 있던 비행기를 격추시켰다고 털어놓았다. 65년 만의 고백이었다.

"나중에야 그 비행기에 생텍쥐페리가 타고 있었음을 알았다. 나는 제발 그가 아니길 바랐다. 우리 시대 모든 젊은이들이 그러했듯이 나도 그의 책에 빠져 있었기 때문이다."

리페르트는 2차 대전 당시 이미 생텍쥐페리의 팬이었다. 전쟁에 참여한 젊은이들 중 몇 퍼센트가 자기가 원해서 전쟁터로 나갔겠는가? 자기가 왜 총을 쏘아야하는지, 누구를 죽이고 있는지 알지 못 한 채 그는 비행기를 격추시켰을 것이다. 그렇더라도 자기가 죽인 사람이 생텍쥐페리라는 사실을 알았을 때 얼마나 당황하고 놀랐을까?

앤드루 포터의 단편 소설 〈구멍〉은 11살 소년의 경험을 그리고 있다. 동네 친구였던 탈의 집에는 아버지가 불법적으로 뚫어놓은 폐하수관으로 연결된 구멍이 있었다. 잔디를 깎은 쓰레기 봉지를 구멍에 떨어뜨린 탈은 사다리를 타고 구멍으로 들어가 다시는 올라오지 못한다. 탈이 구멍 속으로 들어가는 것을 지켜보고 있었던 '나'는 12년이 지난 지금까지도 죄책감에 시달린다. 자신이 탈을 부추겨 구멍에 들어가게 했다는 왜곡된 꿈을 꾼다. 때로는 자신이 구멍 속으로 들어가 죽는 꿈을 꾸기도 한다.

인생은 이렇게 예기치 않았던 결과를 가져올 때가 종종 있다. 내가 의도하지 않았지만, 불행의 현장을 목격한 사람은 그게 자기의 잘못인 것처럼 여겨져 오랜 시간 악몽에 시달리게 된다. 하물며 자신이 직접 가해자가 되었다면 얼마나 괴로울까?

아이러니하게도 전쟁의 패자는 죽은 사람이 아니다. 오히려 전쟁의 고통은 오롯이 살아남은 자들의 몫이다. 살아생전에는 도저히 말할 수 없었던 비밀. 리페르트는 죄책감으로 똘똘 뭉쳐진 그 짐을 평생 짊어지고 살았을 게다. 그러다 죽음을 앞둔 나이가 되어서야 그 사실을 고백한다.

그가 조금 더 일찍 용기를 내어 진실을 말했더라면 어땠을까? 누구도 그를 향해 돌팔매를 던지지 못했을 것 같다. 차라리 동정하고 용서해주지 않았을까? 그동안 얼마나 힘들었냐고 그를 토닥여 줄 수도 있었으리라. 그러면서 전쟁의 잔인함과 비극을 다시 성찰하는 계기가 되었을 수도 있다. 그가 끝까지 그 아픔을 홀로 안고 살았다는 데에 연민을 느낀다.

사람들은 누구나 인생을 계획하며 산다. 그러나 계획한 대로 시간이 기다려 줄지는 아무도 모른다. 실감이 나지는 않지만, 죽음은 언제나 내 곁에 있다고 한다. 나는 집을 나설 때 항상 정리를 한다. 침대 이불을 예쁘게 펴 놓고 아무렇게니 벗어놓았던 옷을 옷걸이에 건다. 설거지를 하고 음식 쓰레기를 가지고 나온다. 혹시나 이 집으로 돌아오는 시간이 길어지거나, 다시 못 올 수도 있다는 방정맞은 생각을 한다. 가족들이 나갈 때도 반드시 현관 앞에서 배웅한다. 마지막이 될지도 모르는 순간을 "잘 다녀와" 그 무심한 목소리만으로 보낼 수는 없기 때문이다.

 내게 남은 시간을 알 수 없는 게 인간의 운명이라면 무슨 일이든 미뤄서는 안 될 것 같다. 특히 미안하다고 말하는 것은 최대한 서둘러야겠다. 나도 상대방도 내일을 기약할 수 없기 때문이다.

 나의 잘못을 고백하는 것은 자존심과 엮여 있는 일이기에 용기가 필요하다. 그러나 말하는 순간의 부끄러움은 찰나지만, 용서를 빌고 난 후에 느끼는 위안과 평화는 5월 덩굴장미의 향기처럼 진하고 오래 갈 것이다.

김영혜

hye5957@hanmail.net

열정으로 가득 찼던 시절

신작로에 비친 얼굴

마법 같은 베네치아

아름다운 해변, 푸껫

누구나 밤엔 혼자이다
　－《천 개의 밤, 어제의 달》을 읽고

여행하면서 여기저기 머물러 있는 나의 시간을 엮어보고 싶었다.
가슴속 깊이 잠자며 나오지 못했던 것도 꺼내고 싶었다.
아직은 서툴지만 흘러간 나의 편린들을 멋지게 짜맞출 날이 오리라 기대해 본다.

산들문학회 회원
서울교대 여행 작가반

열정으로 가득 찼던 시절

　시골 자그마한 학교로 부임하였다. 해맑고 순수함 그 자체의 하얀 도화지 같은 22명의 아이들, 그 아이들을 맞이하는 순간 이미 내 마음은 빠져들었다. 이 아이들에게 올바른 쓰임이 되겠다고 결심했다.
　새벽 5시 반에 집에서 출발하여 학교에 도착하면 시곗바늘이 9시를 가리켰다. 창가에 얼굴만 내민 초롱이 별들이 나를 기다리며 재잘거리고 있었다. 교문까지 마중 나오는 아이도 있었다. 그 먼 길을 다녀도 발걸음은 언제나 하늘을 나는 듯 가벼웠다.
　나를 그토록 잘 따르던 아이들, 무엇이든지 관심을 갖고 흥미로워한다. 나는 생일을 맞이하는 아이마다 파티를 열어주었다. 자그마한 선물로 필통을 준비했다. 온종일 손에 땀이 나도록 필통을 쥐고 다니며 공부하고 노는 천진난만한 모습이다.
　어린이날 이벤트를 해주고 싶었다. 퇴근해서 집에 오면 늦은 밤이었지만 꼬박 밤새워가며 카드를 하나하나 만들었다. 저마다 선물 꾸러미를 만들어서 쇼핑백에 담아놓으니 새벽 5시, 세수만 하고 출근하였다. 그래도 신나고 즐거운 발걸음이었다.

걸어서 가는 소풍보다 버스를 타고 가고 싶다 하여 버스를 대절해서 현충사에 갔다. 현충사 체험도 의미를 두고 그토록 즐거워할 줄 몰랐다. 지금 같았으면 롯데월드라도 가서 신나게 놀았을 텐데….

야영도 해보고 싶다 하여 계획을 세워 1박 2일 학교에서 야영을 하기로 했다. 그야말로 큰 사건이 되었다. 캠프 하던 날 저녁에 경운기와 리어카 여러 대가 학교 정문으로 들어왔다. 학부모들께서 아이들 저녁 식사 준비로 돼지 한 마리를 잡고, 한 수레에는 여러 개의 곤로, 또 다른 수레에는 각종 채소와 과일 등 먹거리를 가득가득 싣고 왔다. 잔치도 이런 큰 잔치는 없었다. 음악에 맞춰 춤도 추고 캠프파이어도 하니 마냥 신기해하며 밤새도록 하자던 아이들. 학부모들도 한 잔씩 하고 흥에 겨워 춤을 추고 노래도 불렀다. 아이들은 부모님들의 즐거운 모습에 이리 뛰고 저리 뛰고 마냥 즐거워하였다. 깜깜한 밤하늘의 보름달이 환하게 비춰주던 그날을 잊을 수가 없다.

여름이면 거의 야외 수업을 하였다. 가까이에 큰 개울도 있고 산이 있어 야외활동하기에 최적화된 곳이었다. 수영복이 없어도 아이들은 가재도 잡고 물고기도 잡으며 물속에서 뒹굴었다. 옷이 젖으면 젖은 대로 입고 말려가면서 놀았다. 배가 고프면 오디를 따먹고 보라색으로 물든 입으로 재미있다고 웃음이 끊이지 않았다.

가을 운동회가 돌아오면 나는 바빠진다. 여름방학 기간에 서울 '파조'나 '은파'에서 주최하는 무용 연수에 참여한다. 열심히 배워 현대와 고전을 넘나들며 매스게임, 부채춤 등을 연습시켜야 했다. 저녁 시간까지 해도 투덜거리지 않고 열심히 하던 녀석들, 아이스크림 하나면 밤새워서도 할 기세였다. 운동회 날 부채춤 의상을 단체로 맞출 형편이 안 되었다. 할머니나 엄마의 한복, 동네 아주머니의 한복을 빌려 입고 등장하는 모습이 좀 어색했다. 하지만 그 어색함이, 순수함이 난 보기 좋았다.

한 번은 꼭 해보고 싶은 일을 조사했더니 군부대 위문을 가보고 싶다는 의견이 제일 많아서 추진했다. 윗분들은 계속해서 안 된다고 반대했다. 나는 젊은 혈기에 '그래, 안 되는 건 없잖아.' 하면서 실행에 옮겼다. 일요일 새벽같이 학교로 와서 타고 들어온 시내버스에 아이들을 태우고 군부대로 향하였다. 머나먼 길이지만 그 당시에는 위험하다는 생각은 추호도 없었다. 그저 아이들이 하고 싶어 하고 즐거워하면 다 해주고 싶었다. 3시간에 걸쳐 군부대에 도착하였다. 우리 아이들을 기다리던 병사들과 장교 그리고 대대장께서 기쁘게 맞이했다. 레크리에이션도 하고 군부대에서 제공한 식사도 하면서 뿌듯해 하던 아이들. 이게 꿈이야 생시야 하며 신기해하던 모습이 떠오른다.

그런데 세상에 비밀은 없다. 위문 갔다 온 지 여러 달 지나서 일이 일어났다. 누가 급히 교무실에서 나를 찾는다 하여 가니 그 대대장이 앉아 있었다. 지나가던 길에 들렀단다. 너무 반가웠지만 교장의 표정은 밝지 않았다. 차를 대접하고 대대장이 간 후 교장과 긴 이야기가 오고 갔다. 다시는 그러지 말라는 당부였다.

시골 학교는 겨울 준비도 만만치 않다. 그 몫도 고스란히 아이들이 해내야 한다. 이 아이들은 해낼 능력이 넘친다. 특활 시간을 이용하거나 방과 후에 마대자루를 들고 산으로 갔다. 겨울 난로 쏘시개로 솔방울을 주웠다. 산을 뛰어다니면서 신나게 줍는 모습은 그저 예쁘기만 하였다. 그렇게 주워온 수십여 자루나 되는 솔방울로 전교생 6개 학급의 교실을 겨우내 따뜻하게 지폈다.

더 많은 일이 있지만 그것은 고스란히 나 혼자만의 소중한 추억이 되었다. 세상 물정 모르는 철부지 교사였던 나는 의욕과 열정만으로 많은 일을 치렀다. 학부모들의 관심과 정성, 동료들의 따뜻한 사랑과 배려로 철이 들어갔다.

벌써 그 제자들이 지천명을 넘었다. 가끔 나를 불러 식사하며 그 시절을 추억한다. 그런 낯선 세계가 있음을 가르쳐준 나에게 고맙다고 할 때 더없이 행복하다. 내가 선생하기를 잘했구나 하는 생각이 든다.

학교의 대소사, 힘든 일, 궂은일을 모두 해냈던 그 아이들을 지금도 변함없이 사랑하고 사랑한다. 나와 함께한 시간이 제자들에게 작은 힘이 되어 준다면 좋겠다.

신작로에 비친 얼굴

　좌석버스를 타고 강의를 들으러 가는 길이다. 차창 밖 도시 외곽의 논과 밭, 작은 도로가 보인다. 집집마다 담장 밑에 핀 꽃들도 눈에 들어온다. 뙤약볕 마당에서 아이들 서넛이 놀고 있다. 이리 뛰고 저리 뛰고 하는 모습이 재미있나 보다. 강아지들도 풀어 놓은 걸 보니 어릴 때 내가 살던 동네 모습이 담겨 있다.

　신작로에 아스팔트 포장을 하는 모양이다. 인부들이 아스팔트를 펴서 넣느라 바쁘게 움직인다. 수증기가 올라오는 뜨거운 바닥 표면을 단단하게 다지는 탠덤 롤러가 왔다 갔다 한다. 아직 포장하지 않은 신작로에서 뛰어노는 아이들. 그 모습에서 어슴푸레 비친 얼굴이 있다.

　준이는 이웃사촌이다. 유년기를 함께한 나보다 한 살 어린 똑똑한, 농부 겸 어부의 아들이다. 우리는 밤늦게 제사 지내는 날을 좋아했다. 여지없이 밤 12시만 되면 제사 지낸 밥과 여러 가지 음식을 갖고 온다. 준이도 엄마 뒤를 졸졸 따라온다. 나는 꾸벅꾸벅 졸면서 기다렸다가 꼭 먹고 잤다. 우리는 좀 특별한 음식이 있으면 뭐든 나누어 먹었다.

　학교에서 시험 보고 나면 준이의 가슴엔 '수'라고 새겨진 메달이 달려 있었다. 평균 90점 이상이면 주는 우수상 수 메달이다. 그것이 자랑스러워 아니 자랑하고 싶어서 티셔츠를 벗고 러닝셔츠만 입어도 옮겨 달고 다녔다.

　해가 넘어가면 마당에 앉아 준이는 가족들과 함께 아버지가 수확해 온 열무, 파 등 각종 채소를 달빛에 비추어 가며 다듬어서 가사에 도움을 주는 부지런한 아이였다. 준이네 덕에 우리 집은 채소와 어패류를 사 먹는 일이 별로 없었다.

　나는 준이 아버지를 따라 바다에 가서 고동도 잡고 조개도 캤다. 그물에 걸린 물고기와 꽃게를 거두는 일도 했다. 한 번은 바닷물이 들어오는 것도 모르고 있다가 안내자 역할을 하는 소를 따라서 성급하게 뛰어나왔던 적도 있다. 연탄불에 갓 구워 입이 딱 벌어진 대합이나 노릇노릇 구워진 가재를 나에게 종종 가져다주는 심성이 고운 아이였다.

　우리는 배꼽 산 능선 자락을 따라 솟아오르는 햇살을 받으며 달콤한 아카시아 꽃잎도 따먹으면서 오르락내리락 뛰어다녔다. 뒷동산에서 이 무덤 저 무덤 위를 신나게 뛰어다니며 놀았다. 바닷물이 빠지고 있는 갯벌에서 반짝이는 윤슬을 품에 안고 팬티만 입은 채 개흙놀이도 하였다.

지금은 좁아 보이지만 그 당시엔 엄청나게 넓은 마당에서 여러 가지 놀이를 했다. 구슬치기, 팔방 놀이, 깡통 차기, 자전거 타기, 자치기, 댕구 치기 등. 준이는 매사에 승부욕이 강하고 놀이에도 능수능란했다.

가끔 준이는 기분이 좋지 않으면 우리 집과 자기네 집 마당 가운데에 연탄재로 금을 긋고 지나다니지 못하게 하였다. 난 꼼짝없이 갇히게 된다. 그럴 때면 내 자전거를 타고 마당을 서너 바퀴 돌게 해주면 곧바로 연탄재 금을 지워 버린다. 지금 생각해 보면 자전거가 타고 싶을 때마다 그랬던 것 같다.

울퉁불퉁한 시골길이 신작로로 개선이 되면서 우리는 괜스레 신나서 그 넓은 도로를 휘젓고 다녔다. 길게 나 있는 넓은 공간만 보면 뛰었다. 자동차가 뜨막하게 다니는 길이라 저녁때만 되면 망아지처럼 뛰며 놀았다. 별 대단한 일이 없는데 그저 달리기만 해도 즐겁고 흥겨웠다.

그날도 함께 놀았다. 흙먼지 풀풀 날리는 신작로에서 잡기 놀이를 하였다. 무턱대고 도망가다가 넘어지고 잡히고 하면서 놀았다. 작은 돌멩이가 많은 신작로는 넘어지면 최악이다. 무르팍이 성할 날이 없었다. 깨지고 긁힌 상처에 잔 돌멩이가 박히고 피가 주르륵 흐른다.

우리는 무르팍이 깨진 상태로 집으로 갔다. 그 시절 최고 처방은 빨간약이라고 부르는 옥도정기를 바르는 것이었다. 나는 목욕하고 상처 부위에 발랐다. 밤에 잘 때 욱신거리고 아팠다. 아침에 일어나니 꾸둑꾸둑해지고 옅은 막이 생겼다. 준이는 물로만 닦은 모양이다. 진물이 흐르고 있었다. 그래도 아무렇지 않게 여전히 에너지가 넘쳤다.

우리는 눈만 뜨면 같이 놀았다. 먹을 게 있으면 나누어 먹고 자주 놀리기도 하고 다투기도 했다. 벌판으로 나가 잠자리를 잡았다. 댑싸리 빗자루 하나면 잠자리 잡는데 최고 장비이다. 고추잠자리는 시시해서 잡지 않았다. 말잠자리는 물론이고 연한 녹색을 띤 왕잠자리라도 잡으면 신나서 함성을 지르곤 했다. 방아깨비도 잡고 메뚜기도 잡아서 강아지풀에 끼웠다. 까마중을 따먹어서 입들은 보랏빛으로 물들었다. 클로버 꽃을 엮어서 목걸이도 만들어 걸고 팔찌에 반지까지 만들어 끼었다.

집으로 돌아오는 길에 잊지 않고 들르는 신작로에서 무작정 뛰었다. 또 넘어졌다. 무르팍은 채 아물기도 전에 까졌다. 저녁 막차가 기적을 울리며 지나간다. 해가 뉘엿뉘엿 넘어갈 때까지 놀았다. 노는데 정신이 팔려 아픈 줄도 몰랐다.

일주일 이상 지나니 딱지가 생겼다. 준이의 무르팍에서는 여전히 진물이 흘렀다. 덧나서 노란 고름도 나왔다. 아무렇지 않은 듯 다니는 그 애가 신기하기조차 했다. 왜 '약을 안 바를까?'라고 생각만 했다.

우리 동네에서 준이네만 초가에 살았다. 준이 부모는 무르팍 곪은 정도에는 아랑곳하지 않았다. 그 당시 비상약은 옥도정기와 원기소, 반창고, 가제가 전부였다. 준이네는 비상약도 없었던 것이다. 많이 아팠을 텐데 약 한 번 발라주지 못한 것이 유독 내 마음에 걸렸다. 준이를 떠올리니 괜스레 미안함이 든다. 그 후로 사춘기를 겪으며 서로 이사를 하게 되어 보지 못했다. 준이는 어떻게 변해 있을까.

마법 같은 베네치아

　운하를 가르며 한눈에 펼쳐지는 이색적인 베네치아의 매력에 빠져든다. 물 위에 떠 있는 아름다운 도시의 모습은 가슴을 설레게 하는 낭만이 있다. 잘 가공된 보석처럼 찬란한 예술 도시, 1500년 전 물 위에 도시를 구축하려 한 기발한 아이디어가 놀랍다. 아드리아해 끝자락에 120여 개의 작은 섬과 150여 개의 운하로 이루어져 있다. 석호 위에 수많은 말뚝을 박아서 수 세기를 이어 만든 섬이다. 대운하를 따라 늘어선 저택들의 화려하고 독특한 건축양식이 역사를 대변한다.
　산 마르코 광장에 들어섰다. 산 마르코 종탑이 여행객들의 길잡이가 된다. 테이블을 격자로 쌓아서 통로를 만들어 놓았다. 11월이 우기라 수량이 많아져 범람했을 때를 대비한 것이다. 이른 아침 거리는 무채색 하늘에 적막감이 감도나 평온했다. 아직 문을 열지 않은 상점에 작은 등이 깜빡거리고 있다. 거미줄처럼 연결된 거대한 도시 속을 누비고 다녔다.

오랜 기간 이곳을 스쳐 간 다양한 문화와 자취가 담겨 있는 역사 도시 중심에 내가 서 있는 자체로 가슴 뭉클했다. 좁디좁은 골목으로 들어가 삶의 모습을 엿본다. 낯선 정취가 묻어있는 골목길의 바닥이 역사의 깊이를 알려준다. 화려하고 웅장한 궁전보다 감흥이 더 크게 다가온다. 역사를 느껴볼 수 있는 것은 가슴 떨리는 일이다.

 대부분 베네치아 원주민들은 운하와 골목을 주 무대로 관광업을 하며 살아간다. 14세기 흑사병으로 타격이 컸던 좁은 길과 운하에서 전염력이 얼마나 빨랐을까 짐작하게 한다.

 수 세기 동안 물에 잠겨 갖은 풍파에도 위풍당당이 베네치아를 보여주는 오래된 낡은 건축물을 보며 탄복하였다. 모든 건축물이 볼 때마다 다르다. 시시각각으로 다르게 다가온다.

 그새 광장이 인산인해를 이루었다. 원주민보다 여행객이 많다는 것이 실감 났다. 유럽에서 가장 아름답다는 카페, 오랜 역사를 담고 있는 상점과 식당들이 줄지어 늘어선 광장에 명물은 비둘기 떼이다. 늘 여행객들의 마음을 사로잡는 묘한 힘이 있다. 헤밍웨이나 괴테가 찬미한 도시답게 아름답다.

 베네치아에서 꼭 먹어야 할 해산물 파스타 식당을 찾아갔다. 노천 테이블까지 사람들이 꽉 들어차 있는 식당이 보였다. 무조건 줄을 섰다. 싱싱한 해산물 파스타를 게 눈 감추듯이 먹었다. 오징어튀김과 곁들인 와인은 여행의 피로를 풀어준다. 많은 사람 틈에서 여유롭게 즐긴 점심 식시는 나를 넉넉히게 한다.

쾌적한 광장을 걸으며 1720년 유럽 최초로 생긴 역사 깊은 플로리안 카페에 갔다. 희끗희끗한 머리에 노신사가 웃음으로 인사를 건넨다. 고색창연한 벽과 색이 시간의 흔적을 고스란히 전해준다. 앤티크한 커피 잔과 은수저, 꼬마 은주전자에서 플로리안의 기품이 느껴진다. 세계적인 예술가들의 영감을 끌어낸 창작의 보고였다는 카페에서 에스프레소 한 잔의 여유를 부린다.

화려함의 정점을 찍은 산마르코 대성당의 황금 모자이크로 장식된 벽이 시선을 끌어당긴다. 긴 나무의자가 엄숙하다. 잠시 경건한 마음으로 심신을 맡긴다.

베네치아의 심장 역할을 한 두칼레 궁전의 분홍 기둥이 언뜻 눈에 스친다. 화려했던 베네치아 공화국의 영예를 말해주듯 웅장하다. 2층 회랑은 열주와 아치로 아름답게 장식되었다. 천장 장식과 벽면에 화려한 대형 그림, 시선을 장악하며 한쪽 벽을 가득 메꾼 벽화가 그 위엄과 권세를 자랑한다. 두칼레 궁전에서 푸리지오니 누오베 감옥으로 가는 다리가 나온다. 죄수가 감옥으로 가면 다시는 베네치아를 볼 수 없어 한숨을 쉬었다 해서 '탄식의 다리'라 한다. 탈옥으로 유명한 카사노바도 이 다리를 건넜다. 다리 아래로 교교히 흐르는 물과 어우러진 도시의 풍경이 발길을 멈추게 한다.

여행의 절정은 곤돌라를 타고 미로처럼 연결된 운하를 따라서 도시

구석구석을 둘러보는 것이다. 좌우로 흔들려서 두려웠지만 좁디좁은 수로를 미끄러지듯이 빠져나가는 곤돌라의 매력에 빠져들었다 수많은 운하와 집들이 연결되어 있다. 집집마다 창가에 화사한 꽃으로 단장을 하였다. 홑이불도 널려 있다. 은발의 할머니들 얘기 소리가 들리고 고양이가 슬금슬금 다니는 일상적인 삶이 흐르고 있다. 우리네 삶과 별반 다를 게 없어 더 정겹게 다가온다. 이런 여유로움 속에서 찾은 즐거움이 진정한 여행의 매력이다.

운하는 베네치아의 최고 유산이다. 대운하의 장대한 광경을 볼 수 있는 리알토 다리, 오랜 전통을 자랑하는 건축물로 항상 여행객이 북적거린다. 귀금속, 유리 세공품, 가지각색의 화려한 가면, 가죽제품 등을 파는 상점들이 즐비하다. 여행의 감성을 건드려주는 가면과 곤돌라 기념품을 샀다. 늘 그러하듯 다시 또 올 것 같은 느낌을 안고 수상 버스에 올랐다. 흐린 날씨로 산 마르코 광장의 야경을 온전히 보지 못해 아쉬움이 남는다.

세계적으로 유명한 가면 축제가 겨울에 열린다고 한다. 다시 또 와야 할 이유가 생겼다. 베네치아의 마법에서 헤어나지 못한다. 누구나 한 번쯤 버킷리스트에 담겨있을 베네치아, 아름답다.

아름나운 해변, 푸껫

팡아만 –제임스 본드 섬

　아침 일찍 호텔 주변을 산책하였다. 흐드러진 야자수와 물안개, 여러 가지 꽃들로 잘 다듬어진 풍경을 보며 라군을 한 바퀴 빙 돌았다. 정갈하게 테이블이 세팅된 식당에 들어섰다. 다양한 음식들이 먹음직스럽게 준비되어 있다. 아침 식사 후 팡아만으로 출발했다.

　팡아만은 지각변동으로 인해 생긴 150여 개 섬으로 이루어졌다. 짙은 녹색 빛 바다 위에 기암괴석과 석회암 섬들의 조화로운 모습은 가슴을 뛰게 했다. 모터를 돌려서 가는 롱테일 보트를 탔다. 소음이 몹시 심했지만 정감이 갔다.

　맹그로브 정글을 지나갔다. 염분에 내성이 강한 나무이고 늪과 습지에서 잘 자라도록 적응이 되어 있다. 뿌리는 물아래 10m 정도 되는 곳까지 뻗어 있다. 염분이 있는 물을 걸러내고 거센 파도와 홍수에 대처하기 위해 뿌리가 완충장치 역할을 한단다. 물 위로 뻗은 가지가 물에 흔들려 가녀리게만 느껴졌는데 이렇게 대단한 시스템을 가진 줄 몰랐다.

우리 배는 판이 섬에 있는 이슬람 수상마을에 정박했다. 배가 많이 있었다. 황금색 이슬람 사원과 형형색색의 지붕이 눈에 와 닿는다. 석회암으로 이뤄진 작은 섬이다. 약 300여 가구에 2,000여 명 주민이 거주하는 마을로 200년 전 자바섬의 후손들이 정착했다고 한다. 이곳은 마을 전체를 바다 위에 기둥을 박고 대나무를 엮어서 만들었다. 식당, 숙박시설, 축구장, 기념품 숍 등이 두루 잘 갖추어져 있다. 레스토랑이 엄청나게 크다. 이슬람 식당은 술 종류를 먹지도 팔지도 못한다. 음식에는 돼지고기가 일절 들어가지 않는다. 점심 식사로 이슬람 해선 요리를 먹었다.

특히 축구장이 인상적이었다. 축구를 좋아하는 아이들은 방과 후에 나무와 뗏목 조각들을 주워와 엮어서 물 위에 축구장을 만들었다. 주변의 핀잔도 많이 들었지만 팀을 구성하여 꿈을 이루기 위해 열심히 연습하였단다. 본토에서의 축구 초대장을 받고 참가하여 준우승까지 일궈낸 드라마 같은 아이들의 이야기가 감동적이었다.

맹그로브 정글을 지나 섬과 섬 사이를 즐기며 팡아만에 도착했다. 태국의 하롱 베이라고 불리는 곳이다. 바닷물에 깎인 석회암 절벽과 신비한 종유동굴 속으로 카누를 타고 들어갔다. 천연 자연이 만들어 낸 신비스러운 기암절벽 앞에 절로 고개가 숙여졌다. 카누는 현지인이 능수능란하게 노를 저었다. 팡아만의 물 색깔과 심해의 알 수 없는 깊이에서 오는 두려움에 카누를 타는 것이 무서우면서도 짜릿하였다.

팡아만의 150여 개나 되는 섬 중에 제임스 본드 섬에 갔다. 태국어로 '카오 핑칸'이라 하고 '기울어진 언덕'이라는 뜻이다. '못섬'이라고도 한다. 입구부터 기괴한 바위들이 많았다. 커다란 바위가 쪼개진 채로 바닥에 꽂혀 있는 모습이 인상적이었다. 1975년 로저 무어 주연의 007 영화 '황금 총을 가진 사나이'의 무대가 되면서 유명해졌다. 주인공 이름을 본떠서 제임스 본드 섬으로 바뀌었다고 한다. 옥수수 바위의 특유한 모양이 여행객들의 시선을 끌었다.

화려한 밤 문화가 있는 빠똥 비치

빠똥 비치에 갔다. 빠똥을 빼놓고 푸껫을 이야기하지 말라고 할 정도로 명성이 자자한 푸껫의 중심지이다. 낮에는 한산하지만 해가 지면 화려한 불빛을 내뿜으며 불야성을 이루는 최고의 유흥가이다. 방라 로드에는 전 세계 여행자들이 밤 문화를 즐기기 위해 모여든다. 길거리에서 해산물을 바로 요리해서 주었다. 꼬치에 끼운 버터 새우구이, 크림 랍스터 등 신선한 먹거리가 풍부했다. 쇼핑몰, 마사지숍, 레스토랑, 노천 바와 클럽들이 즐비하다. 사방에서 흘러나오는 음악으로 분위기는 고조되고 모든 곳이 다 오픈되어 있어서 안이 훤히 다

보였다. 게이들이 나와서 호객행위도 하였다. 관광객들과 사진을 찍고 돈을 받는 아름다운 무희들도 있다. 화려한 밤 문화를 신기한 듯이 둘러보며 해변으로 갔다.

빠똥 비치의 선 셋은 장관이었다. 무려 4km나 되는 넓은 해변에 고운 모래가 깔려 있다. 밤바다를 보며 우린 맨발로 걸었다. 발밑에 닿는 감촉이 참으로 좋았다.

다음 날, 요트를 티고 산호섬을 향해 시원한 바람을 맞으며 푸른 빛깔 망망대해로 나갔다. 요트 끝에 앉아 바다낚시도 즐겼다. 파도가 잔잔한 곳에 정박하여 스노클링도 하였다. 바닷속의 신비로운 모습은 말로 표현할 수 없었다. 열대어와 해양생물이 많아 또 다른 세계가 펼쳐졌다. 간간이 간식으로 주는 싱싱한 태국 과일은 더위를 잊게 하였다. 요트 위에서 사진사가 사진을 찍었다. 사진 찍는 기술이 뛰어난 현지인이며 유머러스하여 촬영하는 내내 웃음이 떠나지 않았다. 사진도 다양한 포즈로 찍고 싶은 만큼 찍었다.

바닷물 속까지 햇살이 스며들어 환상적인 에메랄드빛 바다와 우리 가족이 어우러진 풍경은 눈이 시리도록 아름다웠다. 산호섬에 도착했다. 물 위에 떠 있는 부표에 내려서 비치로 걸어 들어갔다. 바나나 비치에서 펼쳐진 풍경은 그야말로 한 폭의 화보였다. 점심 식사로 시푸드를 먹었다. 싱싱한 해산물이 내 입맛에 딱 맞았다. 야자수를 엮어서 만든 레스토랑이 산호섬의 운치를 더해 주었다.

점심 식사 후 설렘 속에 스쿠버다이빙 준비를 했다. 산호섬 바닷속 세상을 리얼하게 즐기는 최고의 액티비티이다. 한참을 망설이다가 결국 나는 물이 무서워서 포기했다. 선베드에 누워 비취옥처럼 고운 초록빛 바다와 햇빛에 반사된 하얀 해변에 매료되어 시간 가는 줄 몰랐다.

한참 후 가족들이 스쿠버다이빙을 마치고 돌아왔다. 의기양양한 모습이 무척이나 신나 보였다. 바닷속을 아름답게 장식한 산호와 니모 등 다양한 수중생물들의 떼 지어 다니는 모습이 참으로 신기했다면서 자랑스럽게 이야기했다. 해변을 감싸 안은 듯한 맑고 투명한 산호섬, 눈이 부시게 아름다운 산호섬을 다시 한번 바라보았다.

다음에는 나도 스쿠버다이빙에 도전할 수 있을까?

누구나 밤엔 혼자이다
― 《천 개의 밤, 어제의 달》을 읽고

  책장을 뒤적이다 한쪽 구석에 뜯지 않은 채로 놓여 있는 가쿠타 미츠요의 수필집 《천 개의 밤, 어제의 달》을 발견했다. 첫 페이지를 읽고 확 와닿아 꼼짝하지 않고 앉은 자리에서 모두 읽었다.

  《대안의 그녀》라는 소설로 나오키상을 수상하며 평론가들에게 '어느 하나 버릴 작품이 없는 작가'라고 극찬받은 작가이다. 소설 《종이 달》로 시바타 렌자부로상 등 여러 문학상을 받았다. 《언제나 여행 중》《무심하게 산다》를 집필하여 수준 높고 다양한 작품세계를 보이며 문학성과 대중성까지 인정받은 일본 문학에서 가장 주목받는 작가이다. 가쿠타 미츠요의 《천 개의 밤, 어제의 달》은 24개의 밤과 여행 그리고 추억에 관한 여행기이다.

  밤을 만나는 24개의 이야기가 지구촌 곳곳에서 다채롭게 전개된다. 그저 깜깜하여 두려운 존재였던 어린 시절 밤, 잿빛 속에 허허벌판만 펼쳐진 몽골의 밤, 하늘에 솟구친 기암과 기암 사이에서 별이 빛나던 그리스의 밤, 밤하늘이 이불이 되어 준 모로코 사막의 밤, 야간열차가 별하늘의 한가운데를 달리는 미얀마의 밤, 표정이 전혀 다른 밤이 있는 홍콩, 17살 누군가와 인연을 맺게 된 밤, 사랑이 끝나던 플랫폼 벤치에서의 밤, 아버지 병실에서 보내는 밤…. 일상에서 맞이하는 밤을 여러 가지 모습으로 드러내고 있다. 여행기를 밤 이야기로 이렇게 쓸 수 있다는 것에 놀랐다

 밤은 색다른 매력을 지니고 있다. 석양이 물들고 어둠이 내려앉기 시작하면 차분해지고 덤으로 얻은 것 같은 귀한 시간에 감싸인다. 1:1로 나를 직시할 수 있는 밤이다. 나는 이 대목에서 크게 공감했다.

> 밤은 우리가 혼자라는 사실을 깨닫게 한다. 목욕탕에서 집으로 돌아가던 길, 아빠도 엄마도 함께 있는데 외톨이라고 느끼던 그 어린 날의 마음이 밤이 가진 본질이라는 생각이 든다. 밤은 좋든 싫든 혼자임을 깨닫게 한다. 혼자라는 걸 깨달았을 때 맛보는 기분은 그때그때 다르다.

 어릴 때 작가는 부모님과 함께 목욕탕을 가다가 밤을 만났다고 한다. 어릴 적 밤은 두려운 존재고 본래 있을 리 없는 것이 거기에 있고 나를 에워싸고 있다는 사실이 무서웠다고 한다.

 나는 이 책을 읽으며 밤에 대해서 사유하게 되었다. 어둠은 낯선 공간에 나를 내려놓는다. 그리고 누구나 혼자가 된다는 것을 알려준

다. 주변을 까맣게 물들이고 나의 존재감만 부각해 혼자라는 것을 인식시킨다. 밤은 갑자기 초조와 불안을 유발하고 때로는 묘한 기운으로 활력을 준다. 삐거덕 소리만 나도 도둑이 든 건 아닐까, 자고 있는 가족을 보며 아프면 안 된다는 막연한 불안감에 휩싸이게도 한다. 낮에는 하찮게 여겨졌던 일이 밤에는 대단하게 여겨져 조바심에 떨게 한다. 가끔은 모든 일에 감사함이 솟구쳐 힘이 나기도 한다. 낮에는 찾아볼 수 없는 밤의 위력 때문이 이닐까.

> 병원에서 보내는 밤은 사람의 영혼이 자유롭게 왕래한다는 의미에서 '열려 있는' 느낌이다. 독특한 밤의 느낌이라는 건, 여러 사람이 그곳에 있는데 아무도 없는 것 같은 기묘한 고요함과 다른 장소에서 보면 꺼림칙하지만, 병원에서는 안도하게 되는 초록색 불빛, 그리고 열려 있는 느낌을 말한다. 사람은 분명 밤낮을 가리지 않고 죽지만 병원에서는 사람의 죽음을 밤에 더 많이 느낀다. 사람에게는 영혼이 있고 죽으면 그것이 몸에서 빠져나와 원래의 장소로 돌아간다고, 밤의 병원에 감도는 고요함은 그걸 더 굳게 믿도록 한다.

인생 살다 보면 뜻하지 않은 아픔이나 슬픔에 직면할 때가 종종 있다. 작가도 부모와 작별하는 아픔이 있었다. 그때 위안이 되었던 것은 밤이다. 병원의 분위기는 마음을 울적하게 하지만 병원이 사람의 영혼이 자유롭게 왕래하고 영혼은 죽으면 원래 장소로 돌아간다고 강히게 믿게끔 밤은 그렇게 만들었다. "이곳에서 밤은, 분명 언제든 내 편이다."에서 알 수 있듯 밤의 손길로 위안을 받았다.

사랑의 아픔이 되었든 이별의 슬픔이 되었든 받아들여 견뎌내고 살아갈 수 있음은 밤이 있어서 아닐까. 밤은 치유를 할 수 있는 소중한 잉여시간이다.

《천 개의 밤, 어제의 달》에는 혼자서는 꿈도 꾸지 못할 곳을 여행하며 밤의 모습을 서정적으로 온통 페인트칠하였다. 그중에 '두렵지 않은 밤' 그리스 편을 흥미진진하게 읽었다. 나는 왜 그리스의 아름다운 밤을 보지 못했을까?

미사여구 없는 쉬운 언어로 깔끔하고 담백한 필체로 밤에 느낄 수 있는 정서를 녹여 낸 것이 놀랍다. 당연히 오고 또 오는 수많은 밤을 할머니가 옛날이야기를 들려주듯 나긋나긋 전해주었다. 무겁고 어두운 밤을 가볍게 술술 표현한 글솜씨에 탄복하였다.

여행하는 것을 누구 못지않게 좋아하지만, 겁도 많고 언어소통의 두려움으로 혼자 여행은 감히 생각도 못 하는 나에게 큰 울림을 주었다. 내가 갔던 여행지가 나오면 더없이 반가웠고 그 낯선 곳에서 가졌던 밤의 정서를 새록새록 꺼내주어 행복했다. 한없이 두렵기만 했던 밤의 세계를 평온하게 아름답게 묘사하여 감탄했다. 밤의 이야기로 나를 추억 속으로 소환한 이 책. 떠날 수 없는 요즘, 밤의 서정을 풀고 싶은 이에게 딱 좋은 책이 될 것이다.

이홍숙

greenh61@naver.com

그 기억은 지금도
몽골의 푸른 진주, 홉스굴
나르키소스 축제를 기대하며
사막을 만나도 신나게 춤추라
    -《사막을 건너는 여섯 가지 방법》을 읽고
언제나 닭백숙은 옳아

아름다운 마무리는 삶에 대해 감사하게 여긴다. 내가 걸어온 길 말고는 나에게 다른 길이 없었음을 깨닫고 그 길이 나를 성장시켜 주었음을 긍정한다. 자신에게 일어난 일들과 모든 과정의 의미를 이해하고 나에게 성장의 기회를 준 삶에 대해, 이 존재계에 대해 감사하는 것이 아름다운 마무리다. 아름다운 마무리는 끝이 아니라 새로운 시작이다.

-법정 스님 《아름다운 마무리》 중에서

지금은 이 세상에 없는 친구가 마지막으로 선물해 준 책의 한 페이지다.
매 순간 아름다운 마무리로 살리라.

산들문학회 회원, 서울교대 여행 작가반

그 기억은 지금도

 천안으로 이사하고 근처에 사는 옛 직장동료를 만나게 되어 좋았다. 동료이면서 허물없이 지내는 선연이라는 친구와 홍자이다. 10월 초 홍자가 딸의 피아노 독주회에 초대했다. 연주회인 만큼 한껏 차려입고 선연이와 함께 갔다. 막이 오르고 연주가 시작되었다. 지켜보는 내 가슴은 쿵쾅거렸다. 첫 곡은 '슈베르트의 소나타'였다. 연주자의 드레스는 화려하기도 했지만, 내가 좋아하는 색깔 울트라마린블루라 더 끌렸다. 나도 모르게 음악에 빠져들었다.

 문득 고등학교 때 음악 시간이 생각났다. 난 음악 시간이 참 싫었다. 노래도 못 부르고 박자나 음에 대한 이해가 낮았기 때문이다. 음악을 들을 땐 즐거운데 시험을 보고 평가를 받으니 음악 시간에는 바보가 된 느낌이었다.

 음악 시간이 지옥처럼 느껴진 두 개의 사건이 있다. 첫 번째는 청음시험이다. 선생님이 피아노를 한 마디 치면 음표를 적어서 내는 거였다. 반 친구들은 시험지를 다 채워서 제출했다. 나는 몇 번을 반복해서 들있지만 한 음도 일 수가 없었다. 이름민 달랑 씨서 냈다. 시험지를 보며 채점하던 선생님은 "이홍숙이 누구야! 일어나" 하셨다. '올 것이 왔구나'라고 생각하며 고개를 푹 숙이고 일어섰다. "그렇게 모르겠어? 하나도 몰라?" 하셨다. "네~~." 기어들어 가는 목소리로 말했다.

"너 정말 정직하다. 모르면 모른다고 말하고, 커닝도 안 하고, 사람은 이래야 된다~~ 너 100점이야. 너네 불만 있어? 자 박수!"

성적표를 받아 보니 정말 만점이다. 헨델의 머리를 꼭 닮은 선생님은 지금 생각해도 정말 화끈한 분이다.

두 번째 사건은 노래 부르기 평가이다. 내 차례가 되었다. 나름 연습을 했기 때문에 잘 부르려고 다짐하며 노래를 시작했다.

"초연~"

"앉아!"

한 소절은커녕 두 글자 불렀을 뿐인데…. 폭소가 터져 나왔다. 부끄럽지는 않았다. 내 앞에 두세 명도 그랬기 때문이다.

음악에는 영 소질이 없다는 생각으로 지내던 20대 후반의 일이다. 직장동료가 플루트를 배우고 싶은데 같이 배우자고 했다. 고민 끝에 배우기로 했다. 목소리가 아닌 악기로 소리를 내는 거니까 할 수 있을 것 같았다. 음악으로 뭔가를 잘해 보고 싶었다. 처음에는 소리도 나지 않았다. 한 음 한 음 배우고 매일 연습했다. 조금씩 음을 잡아가니 즐거웠다. 그때 음치도 연주는 가능하다는 것을 알았다.

 6개월 정도 레슨받을 즈음 선생님은 가요 한 곡을 연습해서 피아노와 합주를 하자고 했다. 베토벤의 Ich Liebe Dich로 시작하는 신승훈의 '보이지 않는 사랑'이다. 연습을 많이 했다. 테이프를 틀어놓고 맞춰보기도 했다. 드디어 D-day! 연주 장소는 선생님 댁 거실, 관객은 친구와 선생님 부모님이다. 햇빛이 부드럽게 비치는 거실에는 선생님의 피아노 선율이 흐르고 플루트가 어우러져 자유롭게 춤춘다. 꿈같은 연주는 금방 끝났지만, 지금 생각해도 뿌듯하다.

 친구 딸의 연주를 들으며 추억에 잠기었다. 홍자 딸은 독일에서 공부하고, 지금은 음대 교수다. 한 시간 반이 10분인 듯 흘러갔다. 아름다운 음악 속에서 깨고 싶지 않았다. 나도 다시 플루트를 연습해서 연주하고 싶은 생각도 잠시 들었다.

 독주회가 끝나고 연주자와 사진도 찍고, 선연과 도란도란 이야기를 나누며 돌아왔다. "저렇게 무대에 서기 위해 아이는 얼마나 연습을 많이 했을까? 재능이 있다지만 포기하고 싶을 때도 참 많았을 거야. 외국에서 공부할 때 힘들었겠지! 지원하며 응원한 홍자 부부도 대단해!"

 아름다운 피아노의 멜로디가 지금도 들리는 듯하다.

몽골의 푸른 진주, 홉스굴

" 와~~ 바다다!"

산을 넘자 나타난 호수는 바다라는 말이 절로 나온다. 홉스굴은 몽골의 수도인 울란바토르에서 800km 북쪽에 있는 호수이다. 몽골에서는 홉스굴을 '몽골의 푸른 진주' 또는 '어머니의 바다'라고 부른다. 면적은 제주도의 1.5배, 평균수심 138m이다. 내륙국가인 몽골에서 바다라고 부를 만하다.

홉스굴은 96개의 강과 하천이 모여 거대한 호수를 이루는데 출구는 에진강뿐이다. 이 강을 따라 흘러가 닿는 곳이 바이칼이다. 바이칼의 시원(始原)이다. 대자연 앞에 마주 서니 신성한 기운이 감돈다. "바이칼도 몽골에 속했는데 전쟁 후 협상에서 러시아로 넘어갔다."라고 말하는 칭기즈칸 후예의 눈빛에는 아쉬움이 가득하다.

울란바토르에서 홉스굴까지 차량으로는 10시간 이상 걸린다. 비행기로는 홉스굴 근처 도시인 무릉까지 두 시간, 무릉에서 호수까지 한 시간 반이 소요된다. 우리 일행은 비행기를 이용하여 4박 5일 일정으로 홉스굴로 이동했다.

무릉에서 홉스굴로 이동하는 길가에 차탄족 마을이 있다. 몽골에 남아 있는 마지막 순록 유목민이다. 차탄족은 유목생활을 하면서 여행객을 위해 한 마을씩 돌아가며 이 마을에 정착하곤 한다. 사다리꼴 모양의 전통텐트도 정겹다. 나뭇가지 모양의 뿔을 가진 순록과 사진도 찍었다. 뽀송한 순록뿔은 따뜻하고 폭신하다. 텐트 옆에는 기념품을 팔고 있다. 따뜻해 보이는 낙타털 양말을 샀다.

오후의 햇빛이 비친 홉스굴은 투명하게 반짝인다. 물에 손을 담그니 차갑다. 나무와 초원과 호수가 자연 그대로다. 태초에 지구는 이런 풍경이었겠지! 현실감이 없는 깨끗한 아름다움에 머리가 맑아지는 느낌이다. 사람도 많지 않아 더욱 평화롭다.

숙소는 여행객을 위한 게르다. 넓은 초원에 20개 정도의 게르가 있다. 중앙에는 목조식당, 오른쪽에는 공동 샤워장과 화장실이 있다. 게르 내부는 중앙에 난로와 서너 개의 침대가 있다. 저녁이 되니 직원이 장작을 날라다 쌓아 놓고 난로에 불을 지핀다.

밤이 되니 8월이지만 기온이 내려가서 난로만으로는 부족하다. 몽골 여행의 준비물 중에 침낭이 필수인 이유를 알겠다. 나무는 말라서 금방 타버리기 때문에 불씨가 꺼지기 전에 다시 넣어야 한다. 몇 번을 꺼뜨려 다시 피우곤 했다. 새벽이 되니 땔감이 없어서 옷을 껴입고 침낭 속에서 잤다.

게르는 모양도 내부도 낭만적이다. 난로를 피워놓고 불멍하며 즐거운 대화가 이어졌다. 비가 오는 밤에는 빗소리는 음악이 된다. 화장실에 가려고 밖에 나갔다가 무심코 밤하늘을 보고 깜짝 놀랐다. 별이 180도로 넓게 펼쳐지는 모습이라니! 우주쇼를 천체망원경으로 보는 듯 황홀했다.

홉스굴은 염소를 키우던 할머니가 염소들에게 물을 주고 우물을 닫지 않아 생겼다는 전설이 있다. 그러고 보니 근처에 염소가 많다. 호수에는 열목어와 철갑상어 등 12가지의 어류가 서식한다. 홉스굴에서만 먹을 수 있는 몽골식 생선만두 '자가스테 호쇼르'를 맛보았다. 만두피에 생선을 넣어 튀긴 음식이다. 담백하고 익숙한 맛이라 한국인이라면 누구라도 좋아할 것 같다.

호숫가에서 승마를 했다. 근처 마을에서 몽골 전통복을 입은 마부들이 말을 데리고 왔다. 말타기가 무서웠지만 훈련된 말이라는 설명을 들으니 안심이 되었다. 내가 탄 말은 가장 순한 얼굴을 한 말이다. 말 등에 오르니 너무 높아서 겁이 더럭 났지만 편한 마음으로 시작하니 점점 나아졌다. 얼마쯤 타니 마부가 좀 빠르게 걷게 하고 나중에는 조금씩 뛰게 하면서 실력을 높여나갔다. 승마에 대한 두려움을 떨칠 수 있었다.

말을 타고 다닌 길이 평화롭고 아름다웠다. 호수도 지나고 초원도 지나고 정글도 지났다. 호숫가에 내려서 쉬고 있는데, 여행객을 태운 말과 짐을 실은 몇 마리의 말이 한 무리를 이루어 지나간다. 알고 보니 말을 타고 한 달 일정으로 홉스굴을 여행하는 거란다. 많은 짐은 한 달 동안 먹을 식량과 텐트 등이다. 그들의 즐거운 여정을 상상하면서 보이지 않을 때까지 눈길을 주었다.

구름이 끼고 바람이 부는 흐린 날이다. 홉스굴은 호수인데 바다처럼 검푸른 파도까지 친다. 보트투어 일정이 있는 날인데 하지 못할까봐 걱정이다. 오후가 되니 날씨가 좋아져서 투어를 할 수 있다고 한다. 코스는 수원의 섬이다. 보트가 파도를 넘으며 물줄기를 날리면 우리는 환성을 지르며 신나게 호수를 30분 정도 달려갔다. 섬은 대부분 바위로 이루어졌다. 사진도 찍고 해변 같은 섬을 걸었다.

홉스굴의 겨울은 어떤 풍경일까? 저 넓은 호수가 얼음으로 변해 투명유리처럼 푸른빛이겠지! 미끄럼타면 정말 신날 거야. 말을 타고 달리고, 그 위에 눈이 내리면 겨울왕국이 될 테고. 순록이 끄는 썰매를 타야지! 끝없는 상상이 이어진다. 실제로 겨울에는 영하 40~50도까지 떨어져서 물이 꽝꽝 얼어 얼음축제도 열린다.

홉스굴에서의 일정은 여유로웠다. 오전이나 오후에 일정이 없는 날은 아무것도 하지 않아서 좋았다. 졸리면 자고 배고프면 먹었다. 그냥 호수를 눈에 담고, 주변 마을을 쏘다녔다.

쓸데없는 생각이 많은 날엔 마음의 눈으로 홉스굴로 곧장 간다. 그곳엔 평화와 태고의 아름다움이 나를 반긴다. 가끔 홉스굴 한 달 승마투어를 꿈꾼다.

나르키소스 축제를 기대하며

　언니는 몇 년 전부터 봄이 오면 수선화가 피었다고 이른 봄소식을 전한다. 보내준 사진에는 노란 수선화가 새침하게 예쁘다. 형부가 서너 포기 심었는데 몇 해가 지나니 큰 밭 가득이다. 복숭아밭인데 복숭아꽃이 피기 전에 수선화가 먼저 봄을 알린다.
　언니 집은 공주 고속도로 톨게이트 맞은편 큰 길가의 언덕에 있다. 먼 곳에서도 샛노랗게 펼쳐진 꽃밭이 시선을 사로잡는다. 올해는 톨게이트를 통과하거나 큰길을 지나다가 수선화에 이끌려 보러 오는 사람이 유난히 많단다. 나도 언니 집에 봄나물을 뜯으러 갔다가 사진을 찍어서 지인들에게 보냈다.
　수선화는 하나씩 보아도 예쁘다. 꽃잎 모양도 섬세하게 아름답다. 녹색의 꽃대와 노란꽃, 흰색 수술이 어우러져 고귀해 보인다. 은은한 향이 코끝에 머문다. 꽃밭은 노란 물결의 봄축제다.
　지난 수요일에 복숭아가 익을 때라 엄마와 남동생과 언니 집에 갔다. 복숭아를 맛있게 먹으며 복숭아밭을 보니 잡초만 무성하다. 봄에 그토록 아름답던 수선화는 흔적도 없어 아쉬웠다. 수선화는 그리스로마 신화에 나오는 얼굴이 예쁘고 잘생긴 나르키소스와 관련이 있다.

어느 날 나르키소스는 숲속에서 사냥하다가 몹시 심한 갈증을 느꼈다. 샘물을 찾아가 물을 마시려고 물 위를 보다가 자신의 잘생긴 모습을 보고 자신과 사랑에 빠지게 된다. 결국 자신의 모습을 하염없이 보다가 그 자리에서 빠져 죽는다. 나르키소스가 죽고 난 뒤 샘물가에 꽃이 피어났는데 그게 바로 수선화다. 그래서 수선화의 꽃말은 자기 사랑, 자존심, 고결, 신비이다.

수선화를 우리나라에서는 설중화, 수선, 금잔옥대로 부르기도 한다. 중국에서는 행운을 가져다준다고 여겼다. 수선화는 노란색, 흰색 등 크기와 색이 다양하다. 한자로는 수선화(水仙花)이며 물가에 피어 있는 모습이 선인 같이 늠름하다는 의미가 있다.

언니 집에 머물고 있을 때, 형부에게 한 통의 전화가 걸려왔다. 봄에 수선화를 구경하고 간 사람으로부터 소문을 듣고 온 전화다. 세종시 모 처인데 수선화 뿌리 4만 5,000개를 사고 싶다고 했다. 듣기만 해도 흥분됐다. 취미가 큰돈이 되다니, 언니와 형부를 축하해 주었다.

오후부터는 수선화 뿌리 캐기에 돌입했다. 형부와 남동생은 복숭아 밭에서 수선화가 지고 난 까만 꽃 흔적을 찾아 쇠스랑과 호미로 뿌리를 캤다. 몇 년 동안 자란 수선화는 한 곳을 팔 때마다 약간 동그랗고 뾰족하게 생긴 구근이 한 무더기씩 나온다.

캔 수신화 구근을 창고로 가져왔다. 엄마와 언니, 나는 흙을 털며 개수를 센다. 간혹 지렁이도 나온다. 상품성이 없는 작은 것은 골라낸다. 숫자 세기가 여간 헷갈리는 게 아니다. 개수가 틀리지 않도록 백 개를 담을 때마다 바를 정(正) 자를 표시해가며 한 자루에 2,000개씩 담았다. 이 작업은 사흘 동안 계속되었다.

일을 마치고 점심을 먹는데 세종에 사는 조카네 가족이 왔다. 형부는 "세종에서 수선화 축제하면 꼭 가봐. 우리 집 꽃이 가서 피운 거니까" 하면서 활짝 웃는다. 병아리같이 귀엽고 향기로운 수선화가 곳곳에 피어나 많은 사람에게 축제 같은 기쁨을 주길 기대한다.

사막을 만나도 신나게 춤추라
―《사막을 건너는 여섯 가지 방법》을 읽고

오래전 다니던 회사에서는 매달 자기계발서를 정해 주었다. 책을 읽고 일과 접목하라는 거였다. 회사는 항상 달성하기 힘든 높은 목표를 주었다. 책으로 인해 더 힘든 기분이었다. 그 책 중에《사막을 건너는 여섯 가지 방법》은 일뿐만 아니라, 삶의 태도에도 긍정적인 영향을 주었다.

《사막을 건너는 여섯 가지 방법》은 저자 스티브 도나휴가 스무 살에 사하라 사막을 종단한 것을 바탕으로 쓴 책이다. 흔히 인생을 산에 오르는 것으로 비유한다. 스티브 도나휴는 이혼, 자녀 양육, 실직 등 삶의 고통을 통해 인생은 분명한 목표가 보이는 산보다는 예측할 수 없는 사막과 더 닮았다는 것을 깨달았다.

저자와 친구 탤리스는 파리의 혹독한 추위가 싫어서 따뜻한 해변에서 겨울을 보내고 싶었다. 아프리카의 열대 해변에서 2월을 보내겠다는 생각만으로 돈도 없이 남의 차를 빌려 타고 여행을 시작했다. 사막여행에서 위험한 고비도 여러 번 겪는다. 지지는 나이가 들면서 은유적인 사막을 몇 번 더 겪었다. 자신의 경험을 바탕으로 기업과 개인이 사막을 건너는 효과적인 방법을 연구했다. 첫 저서 《사막을 건너는 여섯 가지 방법》은 베스트셀러가 되었고, 현재는 세계적인 작가 겸 컨설턴트로서 동기부여 멘토로 활동하고 있다.

인생이란, 특히 변화의 시기에 있어서 인생이란 사하라 사막을 건너는 것과 같다. 끝은 보이지 않고, 길을 잃기도 하며, 오도가도 못하는 신세가 되었다가 신기루를 좇기도 한다.

저자가 인생을 사막에 은유한 점이 놀랍다. 이 책은 독자들이 자신의 사막을 슬기롭게 건널 수 있도록 이끌어 준다. 인생이란 사막에서 순간순간의 소중함도 알게 된다. 사하라 사막의 지도를 보며 저자가 걸었을 길을 눈으로 따라가며 나도 사막을 여행한 기분이 들었다.

사막을 건너는 여섯 가지 방법은 다음과 같다. 첫째는 지도를 따라가지 말고 나침반을 따라가라. 둘째는 오아시스를 만날 때마다 쉬어가라. 셋째는 모래에 갇히면 타이어에서 바람을 빼라. 넷째는 혼자서, 함께 여행하기를 배워라. 다섯째는 캠프파이어에서 한 걸음 멀어져라. 여섯째는 허상의 국경에서 멈추지 말라.

사막을 건너는 방법이 바로 인생을 살아가는 방법이자 지혜이다.

나는 여섯 가지 삶의 지혜 중 세 가지 정도가 내 마음에 들었다.

> 끊임없이 모양이 변하는 모래사막에서는 지도가 아니라 나침반을 따라가라. 사막은 수시로 모양이 바뀌기 때문에 지도가 무용지물이 될 때가 있다. 그럴 때 나침반을 따라가면 위기를 넘길 수 있다.

인생도 계획한 목표대로 열심히 살아도 여러 가지 위기가 닥칠 때가 있다. 도대체 이 어려움의 끝이 있기는 할까 하며 좌절한다. 이럴 땐 내면의 나침반이 가리키는 방향으로 내 삶의 가치와 의미를 찾는다면 힘들더라도 계속 앞으로 나아갈 수 있단다.

다음 구절은 도나휴가 한국 방문 때 인터뷰한 내용이다.

> 남들이 말하는 성공에 너무 얽매이지 말고 '내면의 나침반'을 따라가세요. 원하는 것, 좋아하는 것을 따라가다 보면 우리가 '살도록 운명 지어진 삶'을 살게 됩니다. 그렇게 자신의 삶에 스스로 만족하고 행복해하며 사는 것이야말로 진짜 성공이죠. 내면의 나침반을 찾는 가장 쉬운 방법은 마음이 이끄는 대로 따라가는 것입니다. 쓸모없어 보이더라도 내가 하고 싶은 것, 즐거운 것을 찾아서 하는 게 중요하죠.

쓸모없어 보이더라도 자신이 하고 싶은 일을 하는 것이 중요하다는 구질이 가슴에 와 박힌다. 내면의 나침반은 우리를 매 순간 가장 중요한 것을 놓치지 않도록 이끌어 준다는 그의 말을 의심하면서도 믿고 싶어진다.

더 많이 쉴수록 더 멀리 갈 수 있다. 사막여행에서 오아시스를 만나면 쉬어야 기력을 회복하고 더 멀리 갈 수 있다. 사람들은 이 일만 마치면 시간이 날 거라며 휴식하기를 꺼린다. 그러나 아쉽게도 사막은 한없이 계속된다. 나만의 오아시스를 만들어서라도 쉬고 즐기는 것이 필요하다.

나의 지난날을 돌아보면 휴식의 중요성을 몰랐다. 재충전이 필요하다는 말은 수없이 들었지만 무조건 열심히 살아야 한다고 믿었다. 주중에는 열정적으로 일하고 주말에는 가정에 충실했다. 언제까지나 열심히 살 수 있을 줄 알았는데, 오십 중반이 넘으니 몸 여기저기 아픈 곳이 생긴다. "더 많이 쉴수록 더 멀리 갈 수 있다."라는 말을 글자로만 읽은 혹독한 대가다. 사막이 아름다운 이유는 오아시스가 있기 때문이라고 한다. 우리 인생도 마찬가지인 것 같다. 나만의 숨어 있는 오아시스를 발견하여 아름답고 즐겁게 느끼는 게 중요하다.

안전하고 따뜻한 캠프파이어에서 나와서 사막의 깜깜한 어둠 속으로 나아가라. 사막에서 모닥불을 피우려는데, 사막의 약탈자로 알려진 투아레그족 유목민 한 명이 나타나 소금과 후추를 빌려가더니 다시 돌아와 자신을 따라오라고 한다. 두려움에 떨며 간 곳에는 축제가 시나리고 있었다.

이 대목을 읽었을 때 '어떤 위험이 닥칠지 모르는데 유목민을 왜 따라가!'라고 생각했다. 그러나 회사에서는 여섯째 가르침 〈캠프파이어에서 한 걸음 멀어지기〉란 주제로 혁신과 변화를 부르짖었다. 현재의 안락함에 안주하면 경쟁에서 살아남을 수 없다는 것이다. 매달 어느 것을 혁신할 것인지 토론하고 계획을 수립하고 점검받았다. 회사는 경쟁 속에서 성장을 추구하는 곳이니 택한 방법이겠으나, 그야말로 마른 수건에서 물을 짜내는 일상이었다.

변화와 혁신을 외치던 그 상황이 힘들기만 했는데 지금 그게 나에게 필요하다. 변화와 혁신을 할 수 있는 약간의 용기가 솟아나기를 기대한다. 나이가 많다고, 몸이 조금 아프다고 무조건 안주하려는 나를 일으킨다. 지금의 캠프파이어에서 한걸음 멀어져 새로운 축제를 찾는 게 필요한 때인 것 같다.

지금 내 삶의 나침반은 어디를 가리키고 있는지, 오아시스는 무엇인지 생각해 본다. 인생에서 힘든 상황에 부닥쳤을 때, 삶의 의미와 방향을 찾고 싶은 분께 이 책을 권한다. 조금은 가볍고 멋있는 인생이 될 것이다.

언제나 닭백숙은 옳아

"저녁에 닭백숙 먹을까?"

내 말에 딸은 좋다고 했다. 마트에 가서 닭을 한 마리 샀다. 백숙에 넣을 마늘을 까고 한약재도 준비했다. 찰밥을 하기 위해 찹쌀도 씻었다.

저녁 준비를 하는데 어렸을 때 먹던 닭백숙에 대한 추억이 떠올랐다. 우리 집은 시골이라 닭은 직접 키워서 잡아먹었다. 닭 잡는 날은 온 가족이 다 참여했다. 아버지는 닭을 잡아서 큰 양동이에 넣고 뜨거운 물을 부어서 들고 시냇가로 향했다. 올망졸망한 우리 형제자매는 아버지 뒤를 따라 좁은 논길을 한 줄로 걸어갔다.

시냇가에 도착한 아버지가 자리를 잡고 앉으면 우리도 각자 자리를 잡고 눈을 반짝이며 닭 손질하는 것을 구경했다. 아버지는 능숙한 솜씨로 닭의 털부터 뽑았다. 그리고 안 먹는 부분은 잘라서 버렸다. 그 다음에는 닭의 배를 가르고 내장을 꺼내 놓았다. 단연 눈을 사로잡는 것은 달걀의 노른자다. 크기가 각기 다른 샛노란 노른자들은 정말 탐스럽고 예뻤다.

크기가 제각기 다른 알을 보면서《황금알을 낳는 암탉》이라는 동화가 떠올랐다. '혹시 저 닭도 황금알을 낳는 닭일까? 며칠만 더 있으면 황금알이 될 텐데 잡아버린 건가? 남아 있는 닭이 황금알을 낳으면 어떤 일이 생길까?'라며 끝없는 상상 속에 빠지곤 했다.

가장 기억에 남는 것은 창자와 똥집 손질이다. 긴 창자는 칼날을 거꾸로 해서 쭈욱 잘라 돌에 올려놓고 오랫동안 비벼서 불순물을 제거했다. 똥집은 반으로 칼집을 내고 안쪽 껍질을 벗겨서 버린 뒤 칼로 긁어서 깨끗하게 만들었다. 그러는 동안 우리는 아버지에게 닭에 대해 궁금한 것을 물어보면 아버지는 자세하게 설명해 주었다. 닭똥집이 모래주머니라는 것도, 그리고 더럽지 않다는 것도 그때 알았다. 내가 좋아하는 음식 중 하나가 닭똥집요리이다.

엄마는 닭을 가마솥에 넣고 장작불로 오랫동안 푹 삶았다. 엄마는 다 익은 백숙을 넓은 쟁반에 건져 올렸다. 그리고 조선간장을 끼얹는다. 그 간장은 마늘과 깨소금을 듬뿍 넣은 것이다. 백숙은 고소한 깨소금 향, 마늘 향, 간장 향이 어우러져 냄새도 좋고 보기만 해도 입에 한가득 침이 고인다. 특히 맛있는 건 창자다. 삶으면 꼬불꼬불하고 탐스럽게 생긴 것이 얼마나 고소한지!

저녁으로 먹을 닭백숙이 고소한 냄새를 풍기며 익어가고 있다. 간장에 깨소금과 마늘을 듬뿍 넣는다. 내가 만들어주는 닭백숙이 딸에게는 어떤 기억으로 남을까? 저녁을 먹으며 물어봐야겠다.

산들문학회 제4집

종과 종소리

초판인쇄 | 2022년 11월 30일
초판발행 | 2022년 12월 6일
지 은 이 | 양문선 외
펴 낸 이 | 김경희
편집위원 | 이문숙
펴 낸 곳 | 말그릇

(우)02030 서울시 중랑구 공릉로 12가길 52~6(묵동)
전 화 | 02-971-4154
팩 스 | 0504-194-7032

이메일 | wjdek421@naver.com

등록번호 2020년 1월 6일 제2020-3호

인 쇄 | (주)쌩큐컴퍼니

ⓒ 2022 산들문학회
값 14,000원

ISBN 979-11-969727-5-2 03810

저자와 합의하에 인지는 생략합니다.
잘못된 책은 구입한 곳에서 교환해드립니다.

이 도서의 국립중앙도서관 출판예정도서목록(CIP)은 서지정보유통지원시스템 홈페이지(http://seoji.nl.go.kr)와 국가자료종합목록 구축시스템(http://kolis-net.nl.go.kr)에서 이용하실 수 있습니다.